木造住宅ラスモルタル外壁の
耐久設計・施工指針（案）・同解説

Recommendation
for
Durability Design and
Construction Practice for Mortar Finish on
metal lathing applying to External wall of
Wooden Houses

2023 制 定

日本建築学会

本書のご利用にあたって

　本指針は，材料施工委員会・内外装工事運営委員会・木造住宅湿式外壁耐久設計・施工指針改定小委員会による審議を経た原案に対して，公平性・中立性・透明性を確保するために査読を行い，取りまとめたものです．本指針は，作成時点での最新の学術的知見や長年蓄積されてきた経験・実績をもとに，目標性能やそれを具体化する技術的手段の標準を示したものであります．利用に際しては，本指針が最新版であることを確認いただき，かつ，規定の前提条件，範囲および内容を十分に理解ください．なお，本会は，本指針に起因する損害に対して一切の責任を負いません．

ご案内

　本書の著作権・出版権は(一社)日本建築学会にあります．本書より著書・論文等への引用・転載にあたっては必ず本会の許諾を得てください．
Ⓡ〈学術著作権協会委託出版物〉
　本書の無断複写は，著作権法上での例外を除き禁じられています．本書を複写される場合は，学術著作権協会（03-3475-5618）の許諾を受けてください．

一般社団法人　日本建築学会

序

　近年，地球環境保全やわが国の森林保全などの観点から木造建築物に対する期待は大きい．ところが，木造建築物で件数の多い戸建住宅においては，雨水浸入を原因とする不具合が散見され，さらにこれを原因とし，構造体や下地など木部の腐朽が問題となっている．雨水浸入の不具合は，開口部等を含む外壁に多い．窯業系サイディング外壁では，材料・工法等の標準化・マニュアル化が進んでいるが，湿式構法であるラスモルタル外壁では，こうした活動が立ち遅れている．

　本会の建築工事標準仕様書（JASS）では，JASS 11（木工事）はあるものの，木造建築物に関して各工事間の連携までも配慮して耐久性を勘案した建築工事標準仕様書や指針類はない．木造建築物に適用するラスモルタル外壁については，JASS 15（左官工事），その仕上げとして JASS 18（塗装工事），JASS 19（セラミックタイル張り工事），JASS 23（吹付け工事）などがあるが，ラスモルタル塗り工程に先行して行われる防水紙等による止水処理，ラス留付けによるラスモルタル塗り層の脱落防止措置などに関する記載は不十分である．また，JASS は工種ごとに分冊になっており，構造体の木工事，下地づくり，防水工事，左官工事，建具工事，仕上工事などの連携が不足している．

　本指針案は，ラスモルタル外壁に関係する工事を切れ目なく一連の工程として，品質・性能の確保に役立つように構成されている．主な対象は戸建木造住宅であるが，内容的にはそのほかの用途の比較的小規模の木造建築物にも適用できる部分は多い．

　2章では，現存するモルタル外壁構法を広く取り上げ，各種構法の長所・短所を解説し，設計者が構法を選定する際の考え方を示した．3章以降は，木部の腐朽を抑制し長期使用の観点で有利とされ，採用が一般化してきている2種類の通気胴縁構法を対象とし，その標準的な材料・工法を工事仕様書の形式で記述した．学術的な根拠に乏しい部分もあるが，本書を参考にして施工実績を蓄積し，改善すべき点は見直しを加え，将来的には工事標準仕様書の形式にまとめることを考えている．

2023 年 2 月

日本建築学会

木造住宅ラスモルタル外壁の耐久設計・施工指針（案）・同解説
作成関係委員
──── （五十音順・敬称略） ────

材料施工委員会

委員長	橘高義典				
幹　事	岡本　肇	黒岩秀介	野口貴文	横山　裕	
委　員	（略）				

内外装工事運営委員会

主　査	永井香織			
幹　事	北垣亮馬	高橋宏樹		
委　員	井上照郷	江口　亨	大久保孝昭	大澤　悟
	河辺伸二	栗田紀之	古賀一八	輿石直幸
	近藤照夫	清家　剛	角田　誠	眞方山美穂
	本橋健司	横山　裕	和田　環	

木造住宅湿式外壁耐久設計・施工指針作成小委員会

主　査	輿石直幸			
幹　事	宮村雅史			
委　員	稲垣和宏	井上照郷	梅田泰成	大場喜和
	小野　泰	鈴木崇裕	田原　賢	中尾方人
	八幡俊昭			

解説執筆委員

全体調整
    輿　石　直　幸

1章　総　　　則
    井　上　照　郷　　梅　田　泰　成　　小　野　　　泰　　輿　石　直　幸
    中　尾　方　人

2章　モルタル外壁における耐久設計の考え方
    井　上　照　郷　　梅　田　泰　成　　大　場　喜　和　　輿　石　直　幸

3章　材料一般
    稲　垣　和　宏　　井　上　照　郷　　鈴　木　崇　裕

4章　施工一般
    井　上　照　郷　　輿　石　直　幸　　宮　村　雅　史

5章　下地工事
    稲　垣　和　宏　　小　野　　　泰　　梅　田　泰　成　　輿　石　直　幸
    鈴　木　崇　裕　　中　尾　方　人　　宮　村　雅　史　　八　幡　俊　昭

6章　モルタル塗り工事
    稲　垣　和　宏　　井　上　照　郷　　梅　田　泰　成　　小　野　　　泰
    中　尾　方　人　　八　幡　俊　昭

7章　外壁仕上げ工事
    井　上　照　郷　　輿　石　直　幸

8章　維持保全計画
    井　上　照　郷　　輿　石　直　幸

付録（2019・2020年　ラスモルタル外壁仕様の実態に関するアンケート調査）
    梅　田　泰　成　　宮　村　雅　史　　八　幡　俊　昭

木造住宅ラスモルタル外壁の耐久設計・施工指針（案）・同解説

目　　　次

木造住宅ラスモルタル外壁の
耐久設計・施工指針（案）

木造住宅ラスモルタル外壁の耐久設計・施工指針（案）

1章　総　　則

1.1　目　　的

　本指針（案）は，ラスモルタル外壁における設計・施工の基本的な考え方と工事仕様の例を示すことによって，その耐久性の向上を図ることを目的とする．

1.2　適　用　範　囲

　本指針（案）は，次のa.～c.に適用する．

a. 3階建てまでの木造住宅の開口部回りおよびバルコニーを含む外壁．

b. ラス系下地に普通モルタルまたは軽量モルタルを塗り付けた外壁（以下，ラスモルタル外壁またはモルタル外壁という）．

c. 外壁に通気層を設けた構法（以下，通気構法という）．

1.3　本指針（案）における耐久設計・施工の基本的な考え方に関する前提

　本指針（案）におけるラスモルタル外壁の耐久設計・施工の基本的な考え方については，次のa.～f.を前提とする．

a. 点検，調査・診断および補修・改修工事は，適切に行われること．

b. ラスモルタル外壁の耐用年数は，劣化によって低下した機能・性能を，通常の補修では使用に耐えられる状態まで回復できなくなると予想される年数とする．

c. 木造住宅の耐用年数とラスモルタル外壁の耐用年数は，同じとみなす．

d. 機能・性能上，木造住宅外壁に必要な基本事項に配慮がなされていること．

e. 耐久設計・施工にあたり，発注者が考慮すべき事項が満たされていること．

f. 必要な検査・確認がなされること．

1.4　用　　語

　本指針（案）で用いる用語の定義は，建築工事標準仕様書（以下，JASSという）のうち，JASS 8（防水工事），JASS 11（木工事），JASS 15（左官工事），JASS 16（建具工事）によるほか，次による．

下地材	：構造用面材，ラス下地面材およびラス下地板の総称
構造用面材	：通気層の屋内側に使用する構造用合板など，耐力壁を構成する板材で，耐力面材ともいう．
ラス下地面材	：通気層の屋外側に用いる下地材で，ラスを取り付ける下地に用いる

面材

ラス下地板	：モルタル塗りの下地としてラスを留め付ける小幅板で，ラス板などともいう．
通気胴縁	：通気構法において通気層を形成するために用いる胴縁
面合せ材	：面材の端部などで面を段差なくそろえるために凹部に補填する板材
下地工事	：モルタル塗りの下地づくりを行う工事
木質系下地通気胴縁構法	：通気胴縁の屋外側に木質系のラス下地面材またはラス下地板を用い，ラスを留め付けた通気胴縁構法．二層下地通気構法ともいう．
メタルラス下地通気胴縁構法	：通気胴縁の屋外側に面材を用いず，下張りされたメタルラスを用いた通気胴縁構法．単層下地通気構法ともいう．
木質系下地直張り構法	：ラスを留め付ける木質系のラス下地面材を柱・胴差・間柱などの軸組に直接留め付けた構法．直張り構法ともいう．

2章　モルタル外壁における耐久設計の考え方

2.1　モルタル外壁構法の選定

　設計者は，住宅の使用予定期間や劣化要因を勘案して，適切なモルタル外壁構法を選択する．

2.2　設計上の留意点

2.2.1　雨水浸入の抑制と浸入雨水の排出

ａ．設計者は，モルタル外壁からの雨水浸入を効果的に抑制する止水面を設ける．

ｂ．止水面を越えて浸入する雨水に対しては，壁体外へ排出する機能を設ける．

2.2.2　1次止水面を越えた浸入雨水，その他の水分の排出

ａ．浸入した雨水や壁体内で発生した結露水を適切に排出できる構造とする．

ｂ．室内側から透過した水蒸気を放散できる構造とする．

2.2.3　モルタル外壁の剥落防止

　想定される地震や強風によってモルタル外壁が脱落しない構造とする．

2.3　基準・規格類における基本性能の確保

2.3.1　関係法令への適合性

　本指針（案）におけるモルタル外壁の耐久設計にあたっては，関係する法令および関連規定に定められる基本性能を確保すること．

2.3.2 他の規格・基準類との関係

関係法令以外に，材料・施工に関する標準的な規格・基準類がある場合は，要求されている品質・性能を確保すること．

3章 材料一般

3.1 材料の選択および使用

設計者は，品質の確認された材料を選択する．施工者は，設計図書に指定された材料を使用する．

3.2 材料の試験および検査

製造者は，材料の試験および検査を実施する．

4章 施工一般

4.1 基本事項

a．施工者は，設計図書に疑義がある場合は，工事監理者と協議する．

b．施工計画書の作成にあたっては，耐久性に影響を及ぼす条件・要因への対処方法を検討し，工事監理者の承認を受ける．

c．工事仕様書および施工計画書に準じて施工し，耐久性を損なうような不適切な時期の施工や無理な工事期間の短縮などは避ける．

4.2 施工計画

a．施工計画書

施工者は，設計図書に基づき施工計画書を作成し，工事監理者の承認を受ける．

b．仮設計画

材料の搬入，揚重，建込み，取付け，練混ぜ，塗付け，養生などの作業に必要な仮設計画を作成し，工事監理者の承認を受ける．

4.3 材料の取扱い

施工者は，材料の搬入ごとに工事監理者の承認および検査を受ける．搬入した材料は工事に使用するまで変質などがないように保管する．

4.4　工事共通事項

a．基 本 事 項

　　施工は，施工計画書に従って行う．

b．技能士・技能資格者

　　技能士は資格を証明する資料，技能資格者は資格または能力を証明する資料を工事監理者に提
出する．

c．施 工 管 理

　　施工者は，品質，工程，安全・衛生などの施工管理を行う．なお，施工管理は，資格または能
力を有するものが行う．

d．検　　　査

　　施工者は，設計図書に定められた工程ごとに検査を行う．また，工事監理者から指示を受けた
場合は，工事監理者に報告する．

e．養　　　生

　　施工者は，当該工事箇所および周辺について，汚染または損傷しないように適切な養生を行う．

f．発生材の処理・後片付け

　　施工者は，発生材の抑制，分別，再利用・再資源化に努め，工事の完成に際して後片付けおよ
び清掃を行う．

g．工 事 記 録

　　施工者は，工事監理者に指示された事項，工事監理者と協議した事項，工事の経過などを記載
した書面などの工事記録を作成する．

5章　下地工事

5.1　基 本 事 項

　施工計画書に記載された工程に従い，適切に施工する．

5.2　通気胴縁までの下地共通工事

5.2.1　面合せ材取付け

a．材　　　料

　　面合せ材は，構造体外側の一般部に構造用面材などを使用する場合に，開口部周辺，出入隅部
にはめ込む材料であり，一般部の下地材と同じ材料または同じ厚さで，長期間にわたり防水テー
プの接着力が保持できるものとする．

b．施　　　工

　　構造体の外側の一般部に下地材を取り付けている場合は，開口部周辺，出入隅部などの外壁面

に凹凸が生じないよう，面合せ材をぐらつかせないよう柱または間柱に取り付ける．

5.2.2　水切り・見切り材取付け

a．材　　　料

（1）　水切り

　　水切りの材質は，JIS G 3312：2019（塗装溶融亜鉛めっき鋼板及び鋼帯）の塗装溶融亜鉛めっき鋼板に適合するもの，JIS K 6744：2019（ポリ塩化ビニル被覆金属板及び金属帯）のポリ塩化ビニル被覆金属板に適合するもの，JIS H 4001：2006（アルミニウム及びアルミニウム合金の焼付け塗装板及び条）に適合するもの，JIS G 3320：2016（塗装ステンレス鋼板及び鋼帯）の防錆処理鋼板，硬質塩化ビニル鋼板などに適合するものとする．

　　水切りは，通気層内の通気を妨げない形状・寸法のものとする．土台回りにねこ土台を使用する場合は，ねこ土台の換気量が十分に確保される形状・寸法の土台水切りとする．水切りに接触する下地に防腐防蟻処理が施され，かつ，水切りへ絶縁用のテープなどを貼り付けない場合は，ステンレス鋼製と同等以上の防食性を有する通気部材とする．

（2）　軒天井通気見切り材

　　軒天井通気見切り材は，水切りの材質と同等以上の耐食性を有するものとし，通気量が十分に確保される形状・寸法のものとする．

b．施　　　工

　　外壁の下部およびバルコニー手すり壁の下部の水切りの施工は，次の（1）～（4）による．

（1）　土台または土台に張り付けられた面材下地の下端に土台水切りを取り付ける．

（2）　下屋とその上部の外壁の取合い部には，水切り（雨押え）を取り付ける．

（3）　バルコニー手すり壁の下部には，水切りを取り付ける．

（4）　土台回りに防腐防蟻処理が施され，ステンレス鋼製と同等以上の防食性を有する通気部材を用いていない場合は，水切りの土台側に絶縁用のテープなどを貼り付ける．

5.2.3　先張り防水シート留付け

a．材　　　料

　　先張り防水シートは，(一社)日本防水材料協会規格　JWMA-A01（先張り防水シート及び鞍掛けシート）に適合したものとし，防水テープとの接着性および相性が良いものとする．

b．施　　　工

（1）　窓台への留付け

　　透湿防水シートの留付けに先立ち，窓枠へサッシを取り付ける場合は，サッシ取付け前に窓枠の下部へ先張り防水シートを留め付けておく．

（2）　外壁と屋根との取合い部回り

　　外壁と下屋の屋根の取合い部に設置する雨押え板金の壁側には，あらかじめ先張り防水シートを留め付けておく．

5.2.4　バルコニー床の FRP 系塗膜防水施工（先施工）

a．材　　　料

（1）　防水用ポリエステル樹脂は，JASS 8 M-101：2022（防水用ポリエステル樹脂）に適合するものとする．

（2）　防水用ガラスマットは，JASS 8 M-102：2022（防水用ガラスマット）に適合するものとする．

（3）　プライマー，絶縁用ブチルゴムテープ，パテ材，硬化剤，トナー，仕上塗料，FRP 系塗膜防水用ルーフドレン等は，防水材製造所の指定する製品とする．

b．施　　　工

バルコニー床の防水施工は，JASS 8 の FRP 系塗膜防水工法・密着仕様（L-FF）に従って行う．

5.2.5　サッシ取付け

a．部　　　材

サッシは，開口部への要求性能に基づいて選定されたサッシを使用する．

b．施　　　工

（1）　縦フィンと横フィンが連続していない場合，適切な処置を施す．

（2）　サッシの取付けは，JASS 16 に従って行う．

5.2.6　防水テープ貼り

a．材　　　料

防水テープは，JIS A 6112：2019（住宅用両面粘着防水テープ）に適合し，透湿防水シートの製造者が指定する製品を使用する．指定がない場合は，幅 75 mm 以上の両面粘着防水テープとし，サッシフィン，防水紙などの被着体に対して十分な密着性を長期間保てるものとする．

手すり壁の上端部に用いる防水テープは，指定がない場合，幅 75～100 mm 程度の両面粘着防水テープとし，手すり壁の上端部と鞍掛けシートに十分な接着力を有するものとする．伸張性防水テープは，三面交点の防水性を高めることができるものとする．

b．施　　　工

防水テープの施工方法は，次の（1）および（2）による．

（1）　開口部回り

（ⅰ）　防水テープの施工に適した気温であることを確認する．

（ⅱ）　被着面が十分に乾燥し，ほこりや汚れが付着していないことを確認する．

（ⅲ）　先張り防水シートがない場合は，サッシ下部，サッシ脇，サッシ上部の順に，ヘラやローラー等を使用し，両面防水テープを密着させながら貼り付ける．

（ⅳ）　先張り防水シートに浮きやしわが生じないようにした後，サッシ脇，サッシ上部の順に，ヘラやローラー等を使用し，両面防水テープを圧着させながら貼り付ける．

（2）　外壁の上下端部およびバルコニー手すり壁の下端部

外壁およびバルコニー手すり壁に留め付ける透湿防水シートの最下部および最上部には，透湿防水シートのまくれを防ぐため，防水テープを貼り付ける．

5.2.7 バルコニー床のFRP系塗膜防水施工（後施工）

a．材 料

FRP系塗膜防水の施工に用いる材料は，5.2.4 a．による．

b．施 工

バルコニー床の防水施工は，5.2.4 b．と同様に，JASS 8のFRP系塗膜防水工法・密着仕様（L−FF）に従って行う．

5.2.8 透湿防水シート留付け

a．材 料

透湿防水シートは，JIS A 6111：2016（透湿防水シート）に適合する外壁用透湿防水シートAまたは外壁用透湿防水シートBと同等以上の性能を有するものとする．

b．施 工

（1）一般部

透湿防水シートは，横張りとし，たるみなく下から上へ張り上げ，上下の重ねは90 mm以上とする．左右の重ねは150 mm以上とする．ただし，構造体に面材が張られていない場合の左右の重ねは，柱または間柱の間隔とする．

（2）出入隅部

入隅部は，通しで張らず左右で重ねる．面材がない場合の左右の重ねは，両隣の柱や間柱に留付け，下地面材がある場合は両方向へ柱幅以上確保し留め付ける．出隅部は，下地の有無にかかわらず通しで張り，重ねを設ける必要がある場合は，両方向へ柱幅以上を確保し留め付ける．

（3）開口部回り

防水テープの剝離紙を剝がし，サッシ下部は，先張り防水シートよりも屋内側に差し込んで，透湿防水シートを留め付ける．

（4）外壁およびバルコニー手すり壁の上下端部

（ⅰ）外壁およびバルコニー手すり壁の下端

外壁およびバルコニー手すり壁の下端の水切りの外側に透湿防水シートが十分に重なるようにする．透湿防水シートと土台水切りの相互間は，防水テープを貼り付け，透湿防水シートのまくれがないようにする．

（ⅱ）外壁およびバルコニー手すり壁の上端

外壁の上端は，排気に支障がない範囲で，垂木またはころび止め下端付近まで張り上げる．透湿防水シートの上端部に防水テープを貼り付ける．

透湿防水シートを張り終える前に軒天井回りの施工をする場合は，あらかじめ，透湿防

水シートを留め付けておき，下部の透湿防水シートは先張りした透湿防水シートへ差し込む．

　バルコニー手すり壁の上端は，透湿防水シートを手すり壁の両面に上端に達するまで張り付け，手すり壁の上面の下地全面には両面粘着防水テープを貼り，その上に鞍掛けシートを両面粘着防水テープの剥離紙を剥がしながら張り垂らす．

5.2.9　通気胴縁取付け

ａ．材　　料

　一般部の通気胴縁は，厚さ 15 mm 以上，幅 45 mm 以上の乾燥した製材，集成材，LVL または耐水性を有する構造用合板のいずれかによる．隅角部の通気胴縁は幅 90 mm 以上を基本とする．

ｂ．施　　工

（1）　一般部

　通気胴縁は，土台水切り部から開口部回り，軒天井部，小屋裏や棟換気口などにかけて通気が確保されるよう縦に配置し，N 65 くぎを用いて 303 mm 以下の間隔ですべての柱および間柱に留め付ける．

（2）　出入隅部

　出隅部は一方の勝ち負けを決めて留め付ける．幅 90 mm 以上の通気胴縁を留め付けるか，幅 45 mm 以上の通気胴縁を並べて留め付ける．

（3）　開口部回り

　サッシフィンに接触しないように離し，開口部周辺の通気が確保できるように留め付ける．

（4）　外壁の上下端部

（ⅰ）　通気を軒天井見切縁から屋外へ排出する場合

　通気胴縁は，土台水切り付近から，軒天井手前まで設ける．

（ⅱ）　通気を小屋裏へ排出する場合

　通気胴縁は，土台水切り付近から，垂木下端付近まで設ける．

5.3　木質系下地通気胴縁構法の下地工事

5.3.1　ラス下地板・ラス下地面材取付け

ａ．材　　料

　通気層屋外側の下地材は，（1）または（2）のいずれかとする．

（1）　ラス下地板

　ラス下地板は，厚さ 12 mm 以上，幅 70 mm 以上の乾燥材であること．

（2）　ラス下地面材

　ラス下地面材は，厚さ 9 mm 以上の構造用合板または同等以上の留付け力を有する材質

および厚さであること.

b. 施　　工

（1）　一般部

（ⅰ）　ラス下地板の留付け

通気層外側のラス下地板は, 交差するすべての柱または間柱上へ, N 50 くぎ 2 本で取り付ける.

（ⅱ）　下地面材の留付け

通気層外側の下地面材は, すべての柱および間柱へ N 50 くぎを使用し, 150 mm 以下の間隔で取り付ける.

（2）　出入隅部

ラス下地板または下地面材は, 出隅または入隅まで連続するように, 取合う 2 面の勝ち負けを決め, 通気胴縁を貫通し柱や間柱へ取り付ける. 釘の先端が柱や間柱に打ち込めない場合は, あらかじめ受け材を取り付けておく.

（3）　開口部回り

隅角部付近では, 下地の継目を設けない. サッシに接触しないように離して取り付ける.

（4）　外壁およびバルコニー手すり壁の上下端部

通気部材との距離を保ち, 通気を阻害しない位置に取り付ける.

5.3.2　下端定木取付け

a. 材　　料

下端定木の材質は, モルタルのアルカリ成分に侵されないものとし, その断面形状は L 字型で, 出寸法はモルタルの塗り厚に合ったものとする.

b. 施　　工

下端定木は, 水切りより 10〜15 mm 上部の位置に, ステープルなどでラス下地板またはラス下地面材に取り付ける.

5.3.3　防水紙留付け

a. 材　　料

ラス下地面材およびラス下地板の上に留め付ける防水紙は, JIS A 6005：2005（アスファルトルーフィングフェルト）に適合するアスファルトフェルト 430 または（一社）日本防水材料協会規格 ARK 14^W-04：2018（改質アスファルトフェルト）の規定に適合する改質アスファルトフェルトと同等以上の品質を有していること.

b. 施　　工

（1）　一般部

（ⅰ）　モルタル裏面の防水紙は横張りとし, 壁面の下部から上へ張り上げ, 上下・左右の重ねは 90 mm 以上とする.

（ⅱ）　防水紙は，水平を保ち，著しいたるみが生じないように必要最小限の数のステープルで要所を留め付ける．

（2）　出入隅部

入隅部は通しで張らず，隅角部より左右両方向へ 90 mm 以上を確保した状態で重ね，ステープルで要所を留め付ける．出隅部は通しで張る．

（3）　開口部回り

防水紙は，サッシに接触させて，隙間がないようにする．

（4）　外壁およびバルコニー手すり壁の上下端部

防水紙は，上下端部まで張り付ける．

5.3.4　ラス留付け

a．材　　　料

（1）　ラス

ラスは，JIS A 5505：2020（メタルラス）に適合する波形ラス W 700，こぶラス K 800，力骨付きラス BP 700 のいずれか，または同等以上の品質を有していること．

（2）　補強用ラス

補強用ラスは JIS A 5505：2020 の平ラス F 450 に適合するものとする．

（3）　ステープル

ラスを留め付けるステープルは，以下の（ⅰ）～（ⅲ）に示すラスに対応した JIS A 5556：2021（工業用ステープル）の規定に適合するものまたは同等以上の品質を有していること．

（ⅰ）　波形ラス W 700

足長さが 19 mm，線径が J 線以上のステープルであること．

（ⅱ）　こぶラス K 800

足長さが 19 mm，線径がM線以上のステープルであること．

（ⅲ）　力骨付きラス

足長さが 19 mm，線径がM線以上のステープルであること．

b．施　　　工

ラスの留付けは，ラスの種類により，以下の（1）～（3）のとおりとする．

（1）　波形ラスの留付け

（ⅰ）　一般部

①　波形ラスは，壁面の下端の出入隅部より，原則として横方向に張り始め，千鳥状に張り上げる．

②　ステープル（線径 J 線，足長さ 19 mm 以上）の留付け間隔は，上下左右とも 100 mm 以内とする．

③　ラスの重ねは，上下左右とも 50 mm 以上とする．

（ⅱ）　出入隅部

　　　　出隅および入隅部などの継目は突付けとし，補強用ラスを中央部から直角に曲げて，下張りした波形ラスの外側から張り重ね，膨れ・浮き上がりがないようにステープルで留め付ける．

（ⅲ）　開口部

　　　　開口部の隅角部付近には継目を設けず，下張りした波形ラスの外側から補強用ラスなどを張り重ね，ステープルで留め付ける．

　　　　ラスは電食を避けるためサッシへ接触させない．

（2）　こぶラスの留付け

（ⅰ）　一般部

　①　こぶラスは，こぶを下地側とし，壁面の下端の出入隅部より，原則として横方向に張り始め，千鳥状に張り上げる．

　②　すべてのこぶをステープル（線径 M 線，足長さ 19 mm 以上）で留め付ける．

　③　ラスは，原則としてこぶで重ねる．こぶで重ねることが困難な場合は，左右の重ねはメッシュ部分を 3 目重ね，上下の重ねはメッシュ部分を 4 目重ねる．

（ⅱ）　出入隅部

　　　　出入隅部のこぶラスは突付けとし，補強用ラスを中央部から 90° に曲げて，下張りしたこぶラスの外側から張り重ね，膨れ・浮き上がりがないようにステープルで留め付ける．こぶの谷部以外でステープルを留め付ける場合は，ステープルでラスを変形させないように浮留めとする．

（ⅲ）　開口部

　　　　開口部の隅角部には継目を設けず，補強用ラスなどを下張りしたこぶラスの外側へ張り重ね，ステープルで留め付ける．こぶの谷部以外でステープルを留め付ける場合は，ステープルでラスを変形させないように浮留めとする．

　　　　ラスは電食を避けるためサッシへ接触させない．

（3）　力骨付きラスの留付け

（ⅰ）　一般部

　①　力骨付きラスは，波付けされた力骨を下地側とし，壁面の下端の出入隅部より，原則として横方向に張り始め，千鳥状に張り上げる．

　②　ラスの留付けは，力骨の交点を斜めにまたいだ状態でステープル（線径 M 線，足の長さ 19 mm 以上）を留め付ける．

　③　ラスの重ねは，上下左右とも 30 mm 以上とする．

（ⅱ）　開口部

　　　　開口部の隅角部付近には継目を設けない．開口部の隅角部は，下張りした力骨付きラスの外側から補強用ラスまたは力骨付きラスなどを張り重ね，ステープルで留め付ける．

　　　　ラスは電食を避けるためサッシへ接触させない．

（ⅲ）　出入隅部

　　　　出入隅部は，折曲げ部を 150 mm 以上確保して，まわし張りとし，膨れ・浮き上がりがないようにステープルで留め付ける．

5.4　メタルラス下地通気胴縁構法の下地工事

5.4.1　補助胴縁取付け

ａ．材　　　料

　補助胴縁は，通気胴縁と同じ厚さであり，通気胴縁と同等以上の耐久性を有していること．

ｂ．施　　　工

（１）　一般部

　　剛性が低くたわみやすいラスを使用する場合は，通気胴縁相互間の中心位置に補助胴縁を設置する．

（２）　外壁およびバルコニー手すり壁の上下端部

　　壁の上下端部のラスがたわみやすい場合は，補助胴縁を設置する．

（３）　開口部回り

　　開口部の上下のラスがたわみやすい場合は，補助胴縁を設置する．

5.4.2　下端定木取付け

　下端定木は，水切りより 10〜15 mm 上部の位置に，ステープルなどで通気胴縁に取り付ける．

5.4.3　ラス留付け

ａ．材　　　料

（１）　ラス

　　ラスは，JIS A 5505：2020 のリブラス C（RC 800）に適合，または同等以上の品質を有し，ターポリン紙またはそれと同等以上の性能を有する下張材と一体化したものであること．

（２）　補強用ラス

　　補強用ラスは，5.3.4 ａ.（２）と同様のものとする．

（３）　ステープル

　　ラスを留め付けるステープルは，JIS A 5556：2021 に規定されている T 線以上の線径があり，足長さ 25 mm 以上，かつ，通気胴縁を貫通し構造体に留め付けられる長さのものであること．

ｂ．施　　　工

（１）　一般部

（ⅰ）　ラスは壁面の下端の出入隅部より横方向に張り始め，千鳥状に張り上げる．

（ⅱ）　ラスの左右の重ねは，通気胴縁上を中心として重ね，30 mm 以上 60 mm 以内とする．上下の重ね部はリブ山を重ねる．

（ⅲ）　縦のステープルの留付け間隔が 155 mm 以内となるよう，リブと通気胴縁の交点をス

テーブルで留め付ける.

（2）　出入隅部

　　出入隅部のリブラスは突合せとし，補強用ラスなどを直角に曲げて，下張りしたリブラスの外側から張り重ね，膨れ・浮き上がりがないように留め付ける.

（3）　開口部回り

　　開口部の隅角部付近には継目を設けず，下張りしたリブラスの外側から補強用ラスを張り重ね，結束線などで留め付ける.

6章　モルタル塗り工事

6.1　準 備 工 事

6.1.1　事 前 確 認

　モルタル塗りに先立ち，以下の確認を行う.

a．防水紙の破れ，張り忘れがないこと.

b．ラスの浮き，ステープルの留め忘れがないこと.

c．コーナーラスの張り忘れがないこと.

d．アルミサッシとラスが接触していないこと.

6.1.2　水糸張り，墨出し，養生および施工時の環境

a．水 糸 張 り

　出隅部に基準となる水糸を張る.

b．墨　出　し

　サッシ枠，軒天井等に塗り厚の基準となる墨出しを行う.

c．養　　　生

（1）　サッシや屋根等が汚損しないように養生を行う.

（2）　塗り付けたモルタルが直射日光や風によって硬化不良を生じないように，足場全面に防塵防風ネット等を張り付けるなどの適切な養生を行う.

d．施工時の環境

（1）　施工時の気温が5℃以下の場合，および硬化までに気温が5℃以下となることが予想される場合は，施工を中止するか，適切な保温，採暖を行う.

（2）　悪天候（降雨，降雪等），またそのおそれがある場合は施工を避ける.

6.1.3　コーナー定木取付け

a．材　　　料

　　コーナー定木は，その上に厚さが7 mm 以上のモルタルが塗り付けられる寸法のものとする．

ｂ．施　　　工

　　塗り厚の基準および出隅の通りの精度を高めるために，出隅部分に塗り厚の基準となる水糸に合わせてコーナー定木を取り付ける．

6.2　現場調合普通モルタル塗り工事

6.2.1　使 用 材 料

ａ．セメント

　　セメントは，JIS R 5210：2019（ポルトランドセメント）の普通ポルトランドセメントに適合する製品とする．

ｂ．砂

　　砂は，有害量のごみ，土，有機不純物，塩化物などを含まず，耐火性および耐久性に悪影響を及ぼさないものとする．その粒度は，表6.1 を標準とする．ただし，最大寸法は塗り厚に支障のない限り大きいものを用いるものとし，塗り厚の半分以下とする．表6.1 以外の粒度の砂を使用する場合は，工事監理者の承認を得る．

表 6.1　砂の標準粒度

ふるいの呼び寸法（mm） 粒度の種別・用途	5	2.5	1.2	0.6	0.3	0.15
A 種：セメントモルタル塗り下塗り 　　　用・中塗り用	100	80〜100	50〜90	25〜65	10〜35	2〜10
B 種：セメントモルタル塗り上塗り用	—	100	70〜100	35〜80	15〜45	2〜10
C 種：セメントモルタル塗り上塗り用 　　　セメントモルタル薄塗り用	—	—	100	45〜90	20〜60	5〜15

［注］　0.15 mm 以下の微粒分が表中の値より少ないものは，その粒子の代わりに，ポゾランその他の無機質粉末を適量混合してもよい．

ｃ．混 和 材 料

（１）　無機質混和材

　　　　消石灰は JIS A 6902：2008（左官用消石灰）または JIS R 9001：2006（工業用石灰），ドロマイトプラスターは JIS A 6903：2008（ドロマイトプラスター），フライアッシュは JIS A 6201：2015（コンクリート用フライアッシュ），高炉スラグ微粉末は JIS A 6206：2013（コンクリート用高炉スラグ微粉末）の品質に適合するものとする．

（２）　合成樹脂系混和剤

　　　　合成樹脂系混和剤を用いる場合，その種類は，次の（ⅰ）および（ⅱ）による．それ以外の合成樹脂系混和剤を用いる場合は，特記とする．

　　（ⅰ）　セメント混和用ポリマーディスパージョンは，JIS A 6203：2015（セメント混和用ポリマーディスパージョン及び再乳化形粉末樹脂）の品質に適合するものとする．

（ⅱ）保水剤（メチルセルロースなどの水溶性樹脂）は，試験または信頼できる資料で品質の確かめられたもの，もしくは実績が確認できるものとする．

（3）顔料

顔料を用いる場合，耐熱性，耐アルカリ性，耐候性のある無機質を主成分とし，著しい変色がなく，また金物をさびさせないものとする．それ以外の顔料を用いる場合は，特記とする．

（4）繊維

繊維を用いる場合，その種類は，耐アルカリ性に優れているもので，モルタルを練り混ぜる時に分散しやすく，モルタルのひび割れを抑制できるものとする．

（5）その他の混和材料

消泡剤，油などを用いる場合，その種類は，試験または信頼できる資料で品質の確かめられたもの，もしくは実績が確認できるものとする．

d．吸水調整材

吸水調整材は，日本建築仕上学会規格 M-101（セメントモルタル塗り用吸水調整材）の品質基準に適合するものとする．

e．補強ネット類

補強ネットは，耐アルカリ性に優れているものとし，現場調合普通モルタル塗りのひび割れを抑制できるものとする．

f．シーリング材およびシーリング材用プライマー

シーリング材は，1成分形でブリードしないもの，または極めてブリードしにくいものを使用する．シーリング材用プライマーは，被着体に適したものを選定する．

g．練混ぜ水

練混ぜに用いる水は，上水道水または JASS 5（鉄筋コンクリート工事）に規定される「上水道水以外の水の品質」に適合するものとする．

6.2.2 調　合

a．調合は容積比で表し，表6.2を標準とする．

b．水量は，塗り厚や水引きなどを考慮し，施工に適する軟度が得られる量とする．

c．工事監理者の承認を得て，表6.2の調合に混和材料を混入することができる．

表6.2　普通モルタルの調合（容積比）

	施 工 工 程		
	下塗り（ラス付け）	むら直し・中塗り	上塗り
セメント：砂	1：2.5	1：3	1：3.5

6.2.3 練 混 ぜ

a. 練混ぜは機械練りとする.

b. セメント，砂およびそのほか粉体状の材料をミキサーに投入後，空練りを行う.

c. 1回の練混ぜ量は，可使時間以内に使い切る量とする.

6.2.4 運 　 搬

　練り混ぜたモルタルを塗付け場所まで運搬する方法は，バケツ等による手運びやモルタルポンプによる圧送とする.

6.2.5 塗 付 け

　現場調合普通モルタルの塗付けは，下塗り，中塗りおよび上塗りの3工程とし，所定の総塗り厚を確保する.

a. 下 　 塗 　 り

（1）　下塗りは，ラスの山高さより1mm内外厚く塗り付ける.

（2）　下塗りは，ラスの裏面までモルタルが回り込むように塗り付ける.

（3）　下塗り表面は，金ぐしなどで粗面とする.

（4）　下塗りは直射日光や風の影響を受けないように14日以上適切な養生を行う.

b. 中 　 塗 　 り

（1）　下塗り面に水湿しまたは吸水調整材を塗布する．吸水調整材の塗布量は製造者の指定とする.

（2）　中塗りは，上塗りに吸込みむらや乾燥むらが生じないよう均一に，かつ，平坦に仕上げる.

（3）　中塗り表面は，木ごて仕上げとする.

（4）　中塗りは1日以上，適切な養生を行う.

c. 上 　 塗 　 り

（1）　中塗りが十分硬化乾燥してから上塗りを行う場合は，中塗り面に水湿しするか，または吸水調整材を塗布する.

（2）　上塗りは，所定の仕上げ厚さより2mm程度薄く塗り付け，塗付け直後に補強ネットを伏せ込む．補強ネットを伏込み後，すぐに2mm程度再度上塗りを行い，補強ネットを十分に伏せ込む.

（3）　次工程の仕上げの種類に応じ，上塗りの表面は，金ごて仕上げ，木ごて仕上げ，はけ引き仕上げなどとし，平滑に仕上げる．表面仕上げの種類の指定は特記による.

（4）　上塗り後，次工程の仕上げの施工までの間に14日以上の養生期間をとる.

（5）　サッシや建具などの周囲にシーリング防水を施す場合には，シーリング材を充填するための目地を設ける．目地は，目地棒を埋設した箱目地または面ごてを用いた三角目地を標準とし，その指定は特記による．いずれの場合も目地幅は10〜12mm，目地深さは8〜10mmを標準とする.

6.3　既調合軽量モルタル塗り工事

6.3.1　使 用 材 料

a．既調合軽量モルタル

既調合軽量モルタルは，JIS A 6918：2020（ラス系下地用既調合軽量セメントモルタル）の品質に適合するものとする．なお，建築基準法に基づき外壁に防耐火構造等の指定がある場合は，国土交通大臣が定めた構造方法，または国土交通大臣の認定を受けた構造方法に定められた材料とする．

b．練 混 ぜ 水

練混ぜに用いる水は，6.2.1 g．による．

c．吸水調整材

吸水調整材は，6.2.1 d．による．

d．補強ネット類

補強ネットは，6.2.1 e．による．

e．シーリング材およびシーリング用プライマー

シーリング材およびシーリング用プライマーは，6.2.1 f．による．

6.3.2　調　　　合

a．水量は，既調合軽量モルタル製造者の指定による．

b．既調合軽量モルタルは，製造者によって調合されているものであるため，現場では混和剤等の混入は行わないこと．

6.3.3　練 混 ぜ

a．練混ぜは，機械練りとする．

b．練混ぜの手順および練混ぜ時間は，既調合軽量モルタル製造者の指定による．

c．1回の練混ぜ量は，可使時間以内に使い切る量とする．

6.3.4　運　　　搬

練り混ぜたモルタルを塗付け場所まで運搬する方法は，既調合軽量モルタル製造者の指定による．

6.3.5　塗 付 け

既調合軽量モルタルの塗付けは，下塗りおよび上塗りの2工程とし，総塗り厚を15 mm以上とする．ただし，外壁を国土交通大臣が定めた構造方法または国土交通大臣の認定を受けた構造方法による場合は，所定の総塗り厚以上とする．

a．下 塗 り

（1）　下塗りは，ラスの山高さより1 mm以上厚く塗り付ける．

（2）　モルタルはラスの裏まで回り込むように塗り付ける.

（3）　下塗りの養生期間は，既調合軽量モルタル製造者の指定による.

（4）　下塗りが硬化後に上塗りする場合は，下塗り後，ささらなどで表面をなで粗面とする.

b.　上　塗　り

（1）　下塗りが十分硬化乾燥してから上塗りを行う場合は，下塗り面に水湿しするかまたは吸水調整材を塗布する.

（2）　上塗りは，所定の仕上げ厚さに塗り付け，塗付け直後に補強ネットを伏せ込む.

（3）　次工程の仕上げの種類に応じ，上塗りの表面は，金ごて仕上げ，木ごて仕上げ，はけ引き仕上げなどとし，平滑に仕上げる. 表面仕上げの種類の指定は特記による.

（4）　上塗り後，次工程の仕上げの施工までの間に 14 日以上の養生期間をとる.

（5）　サッシや建具などの周囲にシーリング防水を施す場合には，シーリング材を充填するための目地を設ける. 目地の形成方法および形状は，目地棒を埋設した箱目地または面ごてを用いた三角目地を標準とし，その指定は特記による. いずれの場合も目地幅は 10〜12 mm，目地深さは 8〜10 mm を標準とする.

7章　外装仕上げ工事

a. 本指針（案）で対象とする外装仕上げは，建築用仕上塗材仕上げ，色モルタル仕上げ，かき落とし粗面仕上げ，骨材あらわし仕上げ，人造石仕上げ，塗装仕上げとし，その工事仕様は JASS 15 による.

b. 建築用仕上塗材仕上げを吹付けまたはローラー塗りで仕上げる場合は，JASS 23（吹付け工事）による. また，こて塗りで仕上げる場合は，JASS 15「6.7　建築用仕上塗材仕上げ」による.

c. 塗装仕上げは，JASS 18（塗装工事）による.

d. その他の仕上げは，特記による.

8章　維持保全計画

　設計者は，設計時に維持保全計画書を作成し所有者に提出する. 所有者は，維持保全計画を履行する.

木造住宅ラスモルタル外壁の

耐久設計・施工指針（案）

解　　説

木造住宅ラスモルタル外壁の耐久設計・施工指針（案）　解説

1章　総　　　則

1.1　目　　　的

> 本指針（案）は，ラスモルタル外壁における設計・施工の基本的な考え方と工事仕様の例を示すことによって，その耐久性の向上を図ることを目的とする．

　本指針（案）に関連する主な建築工事標準仕様書（以下，JASS という）には，JASS 11（木工事）および JASS 15（左官工事）があり，それぞれの工事仕様は明確となっている．しかし，外壁全体の構成材料・部材に関わる工程を網羅した工事仕様は標準化されていないため，詳細が明らかでない工事仕様や施工要領に起因して，耐久性が確保されていない事例も散見される．

　そこで，本指針（案）では，木造住宅のラスモルタル外壁の耐久性を確保するために，フェイルセーフの観点から雨水浸入防止およびモルタルの剥落防止を重視し，通気層を設けた構法について，設計・施工における留意点や工事仕様の例を示している．

＜ラスモルタル外壁の歴史的経緯＞

　a．ラスモルタル外壁全般

　ラスモルタル外壁は，木造住宅の防火性能を確保する目的で昭和初期から普及してきた．文献1）の調査によると，1977 年には，戸建て住宅の約 3/4 にラスモルタルが施工されていた．しかしながら，メタルラスを構造体に留め付けるステープルの足の長さや線径が不足していたことや，留め付ける本数が少なかったことなどから，過去の地震ではラスモルタルの脱落が散見され，その防火性能が発揮されない状態になったことも少なくなかった．特に，1995 年の阪神・淡路大震災では，ラスモルタルの脱落によって，下地の木ずりが露出したために，火災が延焼したと指摘されている[2]．

　その後，本会の JASS 15 に示された仕様のラスモルタル外壁試験体による面内せん断加力実験や，ラスモルタルを施工した実物大の木造住宅による振動台実験が行われ，神戸海洋気象台で観測された地震波を入力しても，モルタルにひび割れは生じるものの脱落はなかったことや，ラスモルタル外壁が建築物の耐震性能向上に寄与していることが確認された[3]．近年では，数値解析によってラスモルタル外壁が木造住宅の耐震性能の向上に寄与していることが確認されている[4],[5]．

　さらに，2016 年に発生した熊本地震においても，JASS 15 の仕様で施工されたラスモルタル外壁で，脱落せずに建築物の耐震性向上に寄与した例も確認されている[6]．

　一方で，2001 年に通気構法が全国的に標準となった窯業系サイディングに対して，通気層を有しないモルタル外壁の耐久性が懸念されていたが，2007 年に改定された JASS 15 では，通気構法の仕様が明示され，主流となりつつある．通気構法を採用することで，ラスモルタル外壁の木造住

宅の耐久性が高まることは，実物の建築物を模した試験体における，壁体内の温湿度の測定でも明らかになっている[7]．

b．外壁仕上げ

モルタル塗り外壁は，戦後，復興とともに急速に発展した．それ以前は，南京下見板張り（横張り）や鋼板張りが主流であった．現在のラスモルタル塗り外壁には主に塗装や左官による仕上げが施される．仕上げの変遷としては，当初のかき落としリシン仕上げやセメントリシン吹付け仕上げから，樹脂リシン吹付け仕上げ，吹付けタイル吹付け仕上げなど合成樹脂系の材料による仕上げが多様化した．吹付材と呼ばれていた材料もローラー塗り工法の普及に伴って，仕上塗材と呼ばれるようになった．近年においては高耐久性や防汚機能などを付加した特殊な意匠性を有する仕上塗材へと変化している．窯業系サイディングの普及は1980年代後半頃からである．

c．外壁下地

戦前の外壁下地は，小舞（木舞）と木ずりであったが，1960年頃に海外からラスを用いる施工技術が導入され，ラス下地板による施工が急速に発展した．1980年代に入ると構造用合板の採用が増えるのに伴って，ラス下地板による施工量は減少した．1995年の阪神・淡路大震災を境に構造用合板の利用が定着した．

d．外壁の断熱

グラスウールなどの繊維系断熱材は1970年代後半頃から採用され始めた．当初はバラ状であったが，その後間もなく，袋入りが登場し，2000年に入ると防湿タイプが使用されるようになった．

e．建　具

戦前の建具は主として木製であったが，1960年代からアルミサッシが実用化され，1980年代からは防音あるいは断熱サッシが，1990年代後半には断熱複層ガラス（ペアガラス）が使用されるようになった．

1.2　適用範囲

本指針（案）は，次のa．～c．に適用する．
a．3階建てまでの木造住宅の開口部回りおよびバルコニーを含む外壁．
b．ラス系下地に普通モルタルまたは軽量モルタルを塗り付けた外壁（以下，ラスモルタル外壁またはモルタル外壁という）．
c．外壁に通気層を設けた構法（以下，通気構法という）．

　a．本指針（案）は，木造3階建て（高さ13m以下，軒高9m以下）までの住宅を対象としているが，店舗併用，長屋建てにも準用できる．

　b．本指針（案）におけるラスモルタルの適用部位は外壁とし，屋根，軒天井，床，室内天井は対象外としている．

　c．本指針（案）では，「5章　下地工事」に示すように通気構法を対象としており，通気経路のない直張り構法やその他の非通気構法は対象としていない．なお，構造用面材を用いる場合は，その取付けまでを木工事とし，構造用面材を含めた構造体よりも屋外側を施工する工事工程を対象

としている.

1.3　本指針（案）における耐久設計・施工の基本的な考え方に関する前提

> 　本指針（案）におけるラスモルタル外壁の耐久設計・施工の基本的な考え方については，次の a.〜f. を前提とする.
> 　a.　点検，調査・診断および補修・改修工事は，適切に行われること.
> 　b.　ラスモルタル外壁の耐用年数は，劣化によって低下した機能・性能を，通常の補修では使用に耐えられる状態まで回復できなくなると予想される年数とする.
> 　c.　木造住宅の耐用年数とラスモルタル外壁の耐用年数は，同じとみなす.
> 　d.　機能・性能上，木造住宅外壁に必要な基本事項に配慮がなされていること.
> 　e.　耐久設計・施工にあたり，発注者が考慮すべき事項が満たされていること.
> 　f.　必要な検査・確認がなされること.

　a.　建築物の耐久性を確保するためには，設計，施工および維持保全の3つの要素が重要とされているが，本指針（案）では設計・施工に関する留意点を示しており，点検，調査・診断および補修・改修工事の詳細については触れていない.

　b.　耐用年数とは，木造住宅ラスモルタル外壁を構成する材料・部材が，劣化による機能・性能の低下によって，通常の補修・改修では使用に耐えられる状態に回復できなくなると予測される年数を想定している.

　c.　本指針（案）は，木造住宅のラスモルタル外壁を対象としているが，木造住宅全体の耐用年数と外壁の耐用年数を同じとみなし，住宅の解体までに外壁を交換することは想定していない. したがって，ラスモルタル外壁を構成する部材・材料の耐用年数が木造住宅全体の耐用年数よりも短い場合は，適切な補修・改修によって耐久性を確保することを前提としている. ただし，本指針（案）は補修・改修工法の詳細を示すものではない.

　d.　以下の（1）〜（5）については，ラスモルタルや窯業系サイディングなど外壁仕上げの種類に関わらず，木造住宅外壁に必要な基本事項に関する配慮はなされているものとし，本指針（案）では特に取り上げていない.

（1）　腐朽菌やシロアリによる劣化

（2）　木材保存処理の耐用性

（3）　外壁の雨がかりに影響する軒，けらば等の出寸法

（4）　基礎，床組，小屋組および屋根の構造

（5）　断熱材および内装の仕様

　e.　耐久設計・施工にあたって，発注者が考慮する事項としては，おおむね以下の内容を前提としている.

（1）　耐用年数について設計者と協議し，使用予定期間を設計者に示す.

（2）　保証期間について設計者・施工者と協議し，契約書に明示させる.

（3）　維持保全計画・維持保全費について設計者・施工者と協議し，維持保全計画書を作成させる.

（4） 工事仕様書・施工計画書を確認し，耐久性を損なうような仕様変更や工事期間の短縮などを避ける．

　ｆ．部材・材料の耐久性を確保するために必要な検査・確認を行う．

1.4　用　　語

　本指針（案）で用いる用語の定義は，建築工事標準仕様書（以下，JASS という）のうち，JASS 8（防水工事），JASS 11（木工事），JASS 15（左官工事），JASS 16（建具工事）によるほか，次による．

下地材	：構造用面材，ラス下地面材およびラス下地板の総称
構造用面材	：通気層の屋内側に使用する構造用合板など，耐力壁を構成する板材で，耐力面材ともいう．
ラス下地面材	：通気層の屋外側に用いる下地材で，ラスを取り付ける下地に用いる面材
ラス下地板	：モルタル塗りの下地としてラスを留め付ける小幅板で，ラス板などともいう．
通気胴縁	：通気構法において通気層を形成するために用いる胴縁
面合せ材	：面材の端部などで面を段差なくそろえるために凹部に補填する板材
下地工事	：モルタル塗りの下地づくりを行う工事
木質系下地通気胴縁構法	：通気胴縁の屋外側に木質系のラス下地面材またはラス下地板を用い，ラスを留め付けた通気胴縁構法．二層下地通気構法ともいう．
メタルラス下地通気胴縁構法	：通気胴縁の屋外側に面材を用いず，下張りされたメタルラスを用いた通気胴縁構法．単層下地通気構法ともいう．
木質系下地直張り構法	：ラスを留め付ける木質系のラス下地面材を柱・胴差・間柱などの軸組に直接留め付けた構法．直張り構法ともいう．

　本項では，本指針（案）の本文に用いられている用語のうち，用語の定義や意味が示されていないものや，一般的な建築用語の意味を限定して用いているものを取り上げており，JASS に定義や意味が示されているものは，関連する JASS によることとしている．

　例えば，下地材については，本指針（案）が木造住宅のラスモルタル外壁の通気構法を主体としているため，通気胴縁の屋内側および屋外側に用いられる面材やラス下地板を総称し，「下地材」としている．

　面材には，本指針（案）で対象としているもののほか，一般的にはシステムキッチンや洗面化粧台などの扉に使われる板状の表面材なども含まれるが，本指針（案）では外壁を構成する面材に限定している．なお，面材には構造用合板などの木質系ボード，硬質木片セメント板などのセメント板，火山性ガラス質複層板などがあるが，通気胴縁の屋内側に構造用面材として使用される場合と，通気胴縁の屋外側にラス下地面材として用いられる場合とでは，板厚や密度が異なる場合がある．

　通気胴縁構法の呼称については，一般に「二層下地通気構法」や「単層下地通気構法」が普及しているが，ここでいう二層および単層の意味が不明解であることから，本指針（案）では新たに用語を定義した．本指針（案）はラスモルタル外壁が対象であることから，モルタルの下地に着目し，「木質系」と「メタルラス」に区分した．前者では，主たる下地は木質系の面材または下地材であり，メタルラスはひび割れや脱落を防止するための二次的な要素とみなした．後者では，面外剛性を向上させ，モルタルが塗り抜けないように下張材を裏打ちしたメタルラスそのものが下地であるため，

このような名称とした．同様の考え方で，広く「直張り構法」と称されているものは，モルタル塗りの主たる下地は木質系の面材または下地材であるため，「木質系下地直張り構法」とした．

参 考 文 献

1）飯塚五郎蔵，石井卓郎：1戸建住宅の外装実態調査（2）　—外壁仕上構法・窓建具—，日本建築学会大会学術講演梗概集，pp.835-836，1978.9

2）佐藤　寛：木造住宅の火災被害，平成7年阪神・淡路大震災　木造住宅等震災調査報告書，pp.291-303，1995.10

3）難波蓮太郎，坂本　功，宮澤健二，池本　孝，田辺英男，上田善規，飯鉢　整，栗山留美子：軸組構法住宅の実大振動実験（B棟）その3　ラスモルタル外壁仕上げの耐震性付与，日本建築学会大会学術講演梗概集，pp.141-142，1996.9

4）中川貴文，腰原幹雄，三宅辰哉，五十田　博，槌本敬大，河合直人：モルタル外壁の変形拘束効果を考慮した解析モデルによる木造住宅の実大振動台実験の再現，日本建築学会構造系論文集，Vol.81，No.724，pp.971-980，2016.6

5）中尾方人，小野　泰，田原　賢，宮村雅史，井上照郷，古賀一八：開口を有する軽量モルタル塗り通気構法外壁のせん断耐力評価，日本建築学会構造系論文集，Vol.82，No.733，pp.451-461，2017.3

6）古賀一八：熊本地震におけるラスモルタル外壁の耐震性への寄与に関して，建築仕上技術，Vol.42，No.493，pp.35-44，2016.8

7）西田和生，宮村雅史，牧田　均，木村雄太，齋藤宏昭，石川廣三：モルタル直張り工法と通気構法の試験小屋における浸入雨水の挙動　その2　1年間の温湿度調査結果，日本建築学会大会学術講演梗概集，pp.965-966，2012.9

2章　モルタル外壁における耐久設計の考え方

2.1　モルタル外壁構法の選定

> 設計者は，住宅の使用予定期間や劣化要因を勘案して，適切なモルタル外壁構法を選択する．

　本章では，ラスモルタル外壁以外の構法も含め，モルタル外壁全般に関する耐久設計の考え方を扱っている．木造住宅におけるモルタル外壁は，その層構成により解説図2.1のように分類できる．

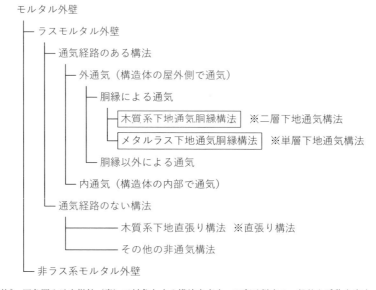

　[注]　四角囲みは本指針（案）で対象とする構法を表す．※印は従来の一般的な呼称を表す．

解説図 2.1　層構成によるモルタル外壁構法の種類

（1）　下地材など壁の層構成による分類

　大別すると，ラスという金属製の網目状の下地にモルタルを塗り付けるラスモルタル外壁と，一般にノンラスパネルなどと称されるラス以外の下地材に直接モルタルを塗り付ける非ラス系モルタル外壁に分類できる．なお，本書では，前者のラスモルタル外壁を対象としている．

（2）　通気経路の有無による分類

　ラスモルタル外壁は，通気経路のある構法と，明確な通気経路のない構法とに分類できる．通気経路とは，屋外または室内から壁体内に浸入した水分が，通気層内に長時間滞留しないよう，屋外へ排湿・拡散させるため，壁体内の通気層の入口から出口までに設けられた空気の移動経路の全体をいう．

（i）　通気経路のある構法

通気経路のある構法とは，外壁仕上げと軸組等の間に通気層を設けたものなどをいう．室内の水蒸気が壁体内へ浸入する量は，水蒸気の発生量や内装仕上げ等により異なるが，まったく透湿しない材料の使用や，恒久的に隙間のない壁仕上げは，現実として難しい．また，梅雨時期など屋外環境が高湿度の際には，通気経路から壁体内へ水分が一時的に浸入することもある．さらには，記録的な暴風雨により雨水が軸組等へ浸入するなど，外壁構造への水分浸入リスクは，程度の差こそあれ避けられない．

特に昨今の住宅は長期使用が望まれるため，各材料の劣化や，地震，強風等による振動など，経年による性状変化にも配慮すべきであり，大壁構法の木造住宅において，通気経路のある構法を選択することは耐久性の確保に不可欠といえる．

（ii）　通気経路のない構法

通気経路のない構法とは，壁体内等に浸入した水分の排湿・拡散の経路を特段備えていない外壁構造である．ゆえに，もし何らかの原因により水分が壁体内等に浸入した場合，水分が長期間滞留しやすく，木部の腐朽や金属の腐食を招くおそれがあるため，使用環境に格段の注意を払い，真壁構法などの排湿機能に優れた構法を除いては，採用を避けることが望ましい．

（3）　通気経路の位置による分類

通気経路が，外壁仕上げと軸組等から成る構造体との間に配置するものを「外通気」，外壁構造体に内包されるものを「内通気」という．

（i）　外通気

外通気とする場合の通気経路の例としては，通気経路の上端が軒裏へ通じるもの〔解説図2.2（a）参照〕，小屋裏へ通じるもの〔解説図2.2（b）参照〕，桁付近から屋外へ開放するもの〔解説図2.2（c）参照〕，もしくは，これらを組み合わせたものがある．

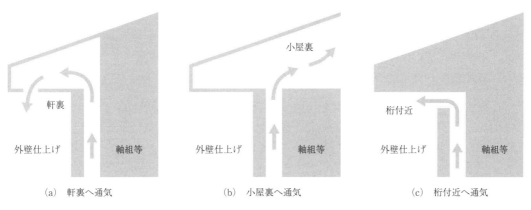

解説図2.2　外通気構法の通気経路例

外通気には，外壁仕上げの隙間などから雨水が浸入した際にその排出を促し，壁体内の軸組等への到達を阻む，いわゆるレインスクリーンとしての機能も期待できる〔解説図2.3参照〕．

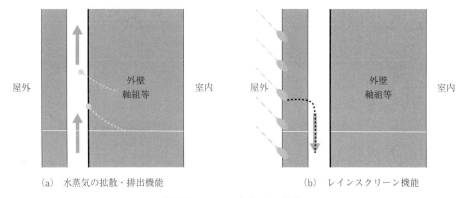

（a）水蒸気の拡散・排出機能 （b）レインスクリーン機能

解説図2.3 通気経路の機能

　外通気の注意すべき点として，透湿抵抗の高い面材を軸組の屋外側に張ると，壁体内の水分が通気経路に出にくくなり，壁体内は腐朽や腐食を促進する高湿度の状態が長期間保持されやすくなることがあげられる．

　ゆえに外通気構法の設計では，使用する面材の透湿抵抗比や壁体内の温度分布を考慮して，壁の層構成を総合的に設計しなければならない〔解説図2.4参照〕．

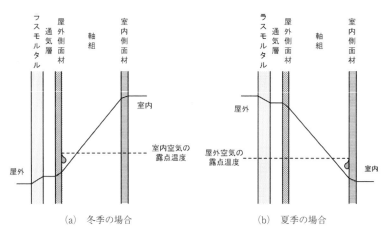

（a）冬季の場合 （b）夏季の場合

解説図2.4 外壁内外の温度分布イメージ

（ⅱ）内通気

　内通気は，軸組等に通気経路を内包させるため，水分を滞留させたくない壁体内に直接的に作用し，水分の排湿・拡散作用を発揮する．ただし，内通気ではレインスクリーンとなる雨水排出経路を構築しにくいため，設計や施工を誤ると通気経路に達した雨水は漏水に直結しやすい．また，気流により壁体内に対流が生じると断熱性の低下が起こり得る．ゆえに内通気の設計では，これら注意点を踏まえつつ，防水，排水，防風，気密，断熱，防火に加え，経路端部の開放方法など，建築物全体を捉えて計画しなければならない．

　内通気の実例としては，外壁軸組等の壁体内と床下を根太間で連通させ，さらに壁体内と天井裏を桁下で連通させたもの〔解説図2.5参照〕が過去は多くみられた．近年は，軸組等の面材に

通気経路を付与した例〔解説図2.6参照〕や，横架材に通気欠きを設けた例〔解説図2.7参照〕がみられる．

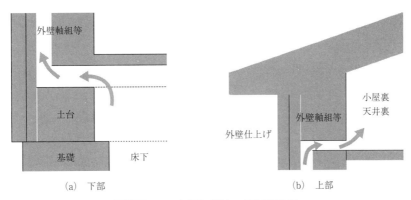

解説図2.5　内通気構法の通気経路例

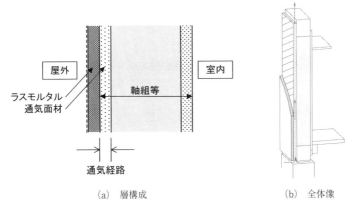

解説図2.6　軸組等の面材に通気経路を付与する例

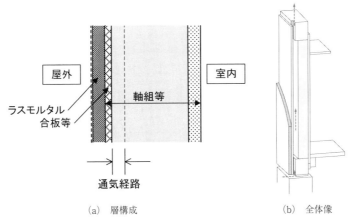

解説図2.7　横架材に通気欠きを設ける例

（４）　通気胴縁より屋外側の層構成による分類

　外通気において，通気経路を形成する方法は種々存在するが，通気胴縁を配置する方法〔解説図2.8参照〕が主流であり，窯業系サイディングなどの乾式外壁において広く用いられている．

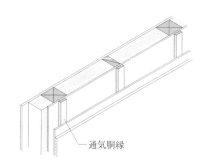

解説図2.8　通気胴縁の配置例

　通気胴縁の屋外側にラスを留め付けるための下地として，合板等を張る方法を「木質系下地通気胴縁構法（二層下地通気構法ともいう）」〔解説図2.9参照〕といい，通気胴縁の外側にラスを直接留める方法を「メタルラス下地通気胴縁構法（単層下地通気構法ともいう）」〔解説図2.10参照〕という．いずれの方法も広く用いられており，JASS 15および関係団体等による設計・施工の標準化も図られている．

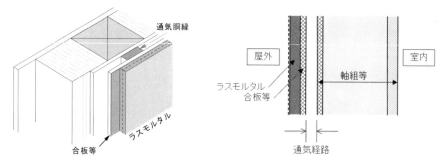

解説図2.9　木質系下地通気胴縁構法（二層下地通気構法）

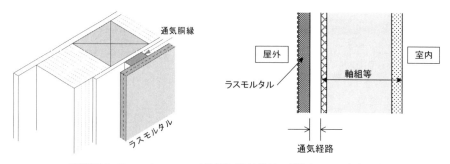

解説図2.10　メタルラス下地通気胴縁構法（単層下地通気構法）

　通気胴縁を用いた外通気も，例にもれず，前述のレインスクリーン作用を発揮しやすい反面，透湿抵抗の高い面材を軸組等の屋外側に張ると，壁体内の排湿が滞りやすい．

（5）　通気胴縁以外の外通気

　木質系下地直張り構法を基本に，外壁仕上げと軸組等の間，いわゆるラス下地板とラスの間に，立体構造の特殊なシートを張る方法等が実例に見られる．

　これらには，通気胴縁を用いる方法と遜色ないものもあれば，壁体内の水分を排湿・拡散する効果について，実験で明らかにしているもの，レインスクリーン作用を期待できないだけでなく外通気といえるかどうか定かでないものなど，さまざまある．

（6）　木質系下地直張り構法

　木質系下地直張り構法（単に，直張り構法ともいう）とは，ラスを留め付ける合板等の下地材を柱・胴差・間柱などの軸組に直接留め付けた外壁構造をいう．ただし，木質系下地直張り構法は，通気経路のない構法に分類しているが，下地材の種類や下地の構成いかんでは，排湿・拡散の機能を有するものもある．

　例として，次世代省エネルギー基準（1999 年（平成 11 年））以前は，壁体内に断熱材を充填しても通気経路になり得る空間が残り〔解説図 2.11（a）参照〕，かつ，根太床構造が主流で，せっこうボードは天井までの張り上げであったため，解説図 2.5 に示す内通気の経路を容易に構成できた．しかし，近年では柱断面いっぱいに断熱材が充填され〔解説図 2.11（b）参照〕，床下地は厚手の合板が土台や胴差に直接取り付けられ，せっこうボードは梁桁に達するまで張り延ばすため，解説図 2.6 や解説図 2.7 に示すような工夫をしない限り，内通気の経路を確保することはできない．

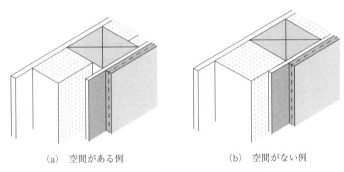

（a）　空間がある例　　　　　　　　　（b）　空間がない例

解説図 2.11　木質系下地直張り構法

　また，この構法は柱などの軸組にラス下地となる合板等を直接取り付けるため，通気胴縁を使用する外通気は構成できない．ゆえに外通気とするには，通気胴縁以外の外通気を選択しなければならないが，これに該当する方法は，現時点で広く普及している状況にはない．

　このような経緯から，木質系下地直張り構法は，明確な通気経路のない構法を代表する呼称になっている．排湿・拡散の機能がない木質系下地直張り構法の例を以下に示す．

　解説図 2.12（a）は，床下地合板が土台に直接取り付けられ，床下と壁体内が連続しない状態を示す．解説図 2.12（b）は，柱断面幅の断熱材が充填され，壁体内に通気経路を確保できない状態を示す．解説図 2.12（c）は，せっこうボードが横架材まで張り延ばされ，天井または小屋裏と壁体内が連続しない状態を示す．

　これらの事例は，前述のように，壁体内などに浸入した水分の排湿・拡散の経路を備えていない

ため，もし何らかの水分が壁体内等に浸入した場合，水分が長期間滞留しやすく，木部の腐朽や金属の腐食を招くおそれがある．ゆえに本構法は使用環境に格段の注意を払い，真壁構法などの排湿性能に有利な構法を除いては，採用を避けることが望ましい．

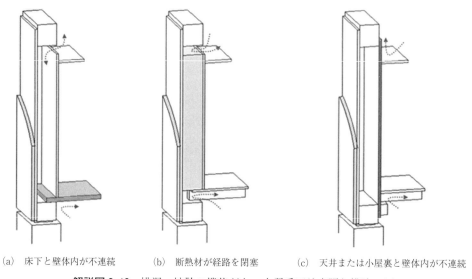

(a) 床下と壁体内が不連続　　(b) 断熱材が経路を閉塞　　(c) 天井または小屋裏と壁体内が不連続

解説図 2.12 排湿・拡散の機能がない木質系下地直張り構法の例

2.2 設計上の留意点

2.2.1 雨水浸入の抑制と浸入雨水の排出

> a．設計者は，モルタル外壁からの雨水浸入を効果的に抑制する止水面を設ける．
> b．止水面を越えて浸入する雨水に対しては，壁体外へ排出する機能を設ける．

（1）　壁面一般部

1次止水面は雨水の大部分を遮断する機能を，2次止水面および3次止水面は，1次止水面を越えて浸入する雨水を遮断し，かつ，壁体外へ排出する機能を有しなければならない．もし，この排出機能がなければ，浸入した雨水は壁体内に長期間滞留し，構造体の木部を腐朽させる，または金物類を腐食させる原因となりうる〔解説図 2.13 参照〕．

1次止水面において雨の大部分を遮断するには，次のような方法が考えられる．

　（ⅰ）　軒の出を深くする，または庇を設けるなど，外壁面への雨がかりを減らす

　（ⅱ）　防水性や撥水性がある仕上材を使用するなど，外壁表面に遮水性能を持たせる

　（ⅲ）　ネット補強や弾性系仕上材を用いるなど，ひび割れを生じさせない工夫を施す

非通気状態の構造体は，止水面を越えて浸入した雨水を排出する機能がない，または著しく低いため，極力，選定しないことが望ましい．

（2）　サッシ回り

サッシ枠と塗装あるいはモルタル塗り層が接する部位は，1次止水面に隙間を生じやすい．シーリング材を施すなど何らかの防水処理を施すことが望ましい〔解説図 2.14 参照〕．三角形状にシー

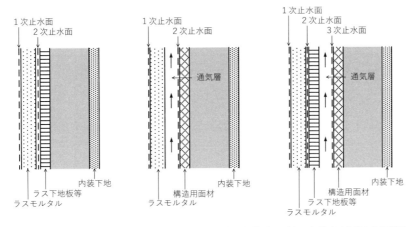

(a) 木質系下地直張り構法　(b)　メタルラス下地通気胴縁構法　(c)　木質系下地通気胴縁構法
（非通気）

解説図 2.13　代表的なラスモルタル外壁構法における止水面

リング材を施す際は，サッシ枠にシーリング材を盛り付けないことが重要である．もし解説図 2.15
のような断面形状のシーリング材を施すと，面内引張方向の動きが生じた際に，シーリング材とモ
ルタルの付着を引き剥がす方向に分力が働き，モルタルとシーリング材は肌別れしやすくなる〔納
まり例は解説図 6.2（b）参照〕．

解説図 2.14　サッシ枠とモルタル塗り層の取合い部からの浸水

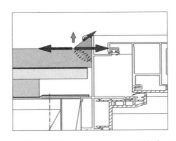

解説図 2.15　不適切なシーリング防水の納まり

　窓回りにシーリング材を施すことは，窓回りからの雨水浸入リスクを低減できるが，窓回り以外
から浸入した雨水や結露水の大気中への放散・排出を妨げることになり得る．雨水浸入の防止と壁
体内水分の排出は，耐久性確保における両輪であり，土台回りから屋根までの建築物外皮を全体構
造として捉えることが肝要である．なお，サッシ上部に排水口を設置することにより，浸入雨水を

サッシの両脇に流下させず，直接，屋外へ排出することが可能となるが，雨水浸入に対する配慮も必要となる.

（3）　笠木回り

　笠木回りは，風雨にさらされ，通気・排気の役割を兼ねるため，雨水浸入を防止することが難しい箇所である．理由として，笠木下および直下の壁体内には雨水が浸入しないように阻む一方で，壁体内の排湿を目的とした通気の確保が望まれるためである〔解説図2.16参照〕.

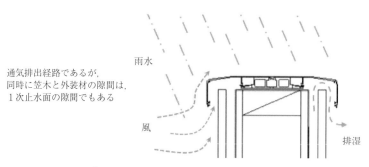

通気排出経路であるが，
同時に笠木と外装材の隙間は，
1次止水面の隙間でもある

雨水

風

排湿

解説図 2.16　笠木回りの断面構成例

　笠木下からの壁体内への雨水浸入防止と壁体内からの通気排湿を両立するには，次のような方法が考えられる.

　（ⅰ）　笠木下地の上面に通気層を確保するように胴縁等を浮かせて耐水不燃板で覆いふさぐ〔解説図2.17（a）参照〕

　（ⅱ）　笠木下の壁上端に遮水または防水の機能を有した通気部材を取り付ける〔解説図2.17（b）参照〕

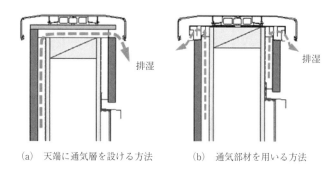

排湿

排湿

（a）　天端に通気層を設ける方法　　　（b）　通気部材を用いる方法

解説図 2.17　雨水浸入防止と通気排湿を両立する笠木回りの納まり例

（4）　下がり壁

　下がり壁は，壁面を流下してきた雨水を建築物から切り離す部位である．また外壁の通気層下端部として外気に連通させる機能も必要である.

　通気層を直接外気に解放する場合，壁面を流下してきた雨水が風により通気層内に押し上げられることも想定しなければならない〔解説図2.18参照〕.

　湿式外壁においては，通気層を直接外気に解放せず，軒裏換気に連通させる納まりもあるが，こ

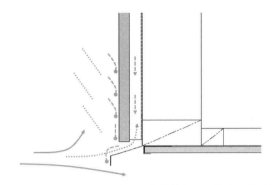

解説図 2.18　下がり壁下端部を直接外気に開放する納まり例

の場合は通気層内を流下してくる水分の排出に対する注意が必要である〔解説図 2.19（a）参照〕.

　下がり壁下端部の通気層を直接外気に解放する場合は，強風時の雨水の吹込みに対し，2次ないし3次の止水面に頼らなければならない．その止水面を防水シートにより構成する場合は，防水性の確保および風によるばたつきを抑えるために，シート張重ね部分を防水粘着テープで留めるなどの措置が必要である.

　また通気層を直接外気に開放する場合は，コウモリや昆虫等が侵入し，すみ着く可能性にも配慮することが長期使用の観点において望ましい.

　通気層を直接外気に開放せずに軒裏に連通させる納まりにおいて，通気層内を流下してくる水分の排出に工夫した例を以下に示す〔解説図 2.19（b）参照〕.

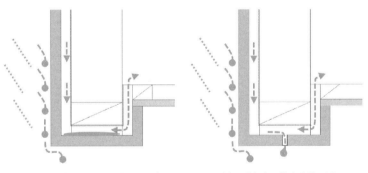

（a）　通気層内を流下する水分の滞留　　　　（b）　滞留水の排出方法の例

解説図 2.19　下がり壁下端部を直接外気に開放しない納まりの例

（5）　下屋根との取合い

　外壁と下階の屋根が接する取合い部は，下がり壁と同様に，壁面を流下してきた雨水を建築物から切り離す部位であると同時に，外壁通気層の下端部として何らかの経路で外気に連通させることが求められる部位である.

　通気層を直接外気に開放する場合は，下がり壁の下端部以上に，壁面を流下してきた雨水が風により通気層内に押し上げられることを想定しなければならない〔解説図 2.20（a）参照〕.

　なお，通気層を屋根裏に連通させる場合は，通気層内を流下してくる雨水が漏水に直結するおそ

れがあるため，防水および排水に万全の措置を講じる必要がある〔解説図 2.20（b）参照〕．

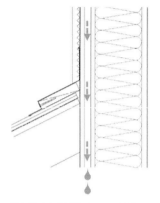

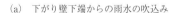

（a）　下がり壁下端からの雨水の吹込み　　　（b）　通気層内から屋根裏への雨水流下

解説図 2.20　下屋雨押え回りの流下水のイメージ

2.2.2　1 次止水面を越えた浸入雨水，その他の水分の排出

> a．浸入した雨水や壁体内で発生した結露水を適切に排出できる構造とする．
> b．室内側から透過した水蒸気を放散できる構造とする．

（1）　水分の発生源

1 次止水面を越えて浸入した雨水，通気層内で発生した結露水，室内側から透過した水蒸気による結露水，建築時から建材が含有していた水分などが想定される．

（2）　水分の経路

1 次止水面を越えて浸入した雨水は，ラスモルタルの裏側に空間がある場合，ラスモルタルの裏面に沿って流下し，サッシ枠や胴縁などの障害物に触れて移動することが想定される．

また，室内側から透過した水蒸気および建築時から建材が含有していた水分は，屋外側への透過が円滑に行われず，壁体内に留まることも想定される．

通気層内の結露水は，熱橋もしくは放射冷却などの放射熱によって生じることが考えられ，重力により流下する場合もあれば，水平面に保持ないし材料に吸水されて，発生位置周辺に留まる場合も想定される．

（3）　排出方法

通気層に浸入した雨水は重力により流下するため，下方に排水口を設けるとともに，排水に支障がない経路を確保する．また，通気による排湿効果を得るためには，通気層に少なくとも 9 mm 以上の厚みを確保する[1),2)]．

2.2.3　モルタル外壁の剥落防止

> 想定される地震や強風によってモルタル外壁が脱落しない構造とする．

（1）　外力

外壁面に作用する外力としては，重力（鉛直方向），地震力（鉛直方向，面外方向，面内水平方向），風圧力（面外方向（正圧・負圧））が想定される．

ラスモルタル外壁では，通常，正の風圧力に対しては比較的安全であるが，負圧に対する注意が必要となることがある．

国土交通省では，令和元年房総半島台風等による住宅の台風被害に関する調査結果等を踏まえ，昭和46年建設省告示第109号，平成17年国土交通省告示第566号，平成12年建設省告示第1454号を改正した．これらの告示は令和2年12月7日に公布，令和4年1月1日より施行されている．告示1454号の改正により，都市計画区域内外によらず地表面粗度区分ⅠやⅣを定めることが可能になり，都市計画区域内外の地表面粗度区分を統一することとなった．また，地表面粗度区分Ⅱについては海岸線からの距離に応じて定められているほか，特定行政庁が規則で定める区域とし，地表面粗度区分ⅠおよびⅣについても特定行政庁が実況に応じて規則で定めることが可能となっている．したがって，設計者は関係法令や地方行政庁などの情報を収集し，建設地に対応して適切に設計することになっている．

風圧力の算定は，平成12年建設省告示第1458号（屋根ふき材及び屋外に面する帳壁の風圧に対する構造耐力上の安全性を確かめるための構造計算の基準を定める件）により，小規模住宅の外壁に作用する最大の風圧力を（解2.1）式および（解2.2）式で算出する方法がある．算定例として，H：高さ13 m，粗度区分：Ⅲ，V_0：基準風速46 mの場合を以下に示す．

$$W = {_q}C_f \tag{解2.1}$$
$$q = 0.6E_r{}^2V_0{}^2 \tag{解2.2}$$

ここに，　W：風圧力（N/m^2）

　　　　　q　：平均速度圧（N/m^2）

　　　　　C_f：ピーク風力係数

　　　　　E_r：平成12年建設省告示第1454号第1第2項に規定される平均風速の高さ方向の分布を表す係数

E_rを求める際に必要となる数値は，粗度区分Ⅲのとき，Z_b = 5 m，Z_G = 450 m，α = 0.20である．したがって，$H > Z_b$であるので，$E_r = 1.7\,(H/Z_G)^{\alpha} = 0.83675$となる．さらに平均速度圧$q$は（解2.2）式より$q = 0.6 \times 0.836752 \times 46^2 = 888.9$ N/m^{2}となる．建築物の隅角部を想定してC_fを−2.2とすると，風圧力Wは（解2.1）式より，$W = 888.9 \times (-2.2) = -1956$ N/m^{2}となる．

一方，地震力の算定は，加速度応答スペクトル〔例えば，解説図2.21参照〕を利用する方法がある．計算例として，以下，木造住宅の固有周期はおおむね0.1〜0.5秒の範囲との研究結果に基づき，周期0.1〜0.5秒の地震波における応答加速度を解説図2.21から求めると，約4000 gal（4000 cm/s^2 = 40 m/s^2）が最大値である．質量M（kg）の外装材に加わる慣性力F（N）は，質量に加速度を乗じて求められる．

例えば，ラスモルタル外壁を面外方向に引き剥がそうとする力を求めると，ラスから仕上げ材ま

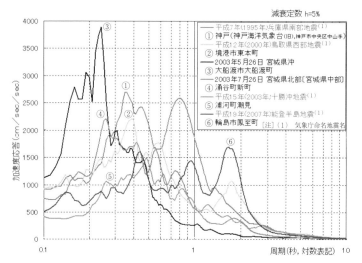

解説図 2.21　主な地震の主な観測点の加速度応答スペクトルの例 [3)]

での質量が単位面積あたり 25 kg/m^2 であれば，面外方向の慣性力は，25 kg/m^2×40 m/s^2 = 1000 N/m^2 となる．

　なお，実際の地震においては 3 方向の慣性力がほぼ同時に加わるため，釘やステープルなどの留付け材には，引抜力とせん断力が同時に加わることを想定した設計が望まれる．また，慣性力は質量に比例するため，タイル張りや石張りなど，重い仕上材を使用する際は特に注意が必要である．

　面内方向の地震力については多くの文献があるので説明は省略する．

（2）　ラスの留付け

　ラスの留付けにはステープルを用いることが多く，ラス下地材は製材や合板を使用する例が多い．主要構造部の耐力面材がラス下地材を兼ねる場合もある．これらのラス下地材は，ステープルの保持力が設計条件を満たす素材および厚さとしなければならない．

　また，耐力面材がラス下地材を兼ねる場合は，日常における外部負荷が外皮から耐力要素へ直接伝わるため，耐力面材に使用する材の選定など，長期使用の構造性能について検討を行うことが必要である．

　ステープルの留付け強度は，釘と同様に，その種類（材質，足長さ，線径，先端形状，表面コーティング材），留付け間隔，ラス下地材の種類，ラス下地材の密度や含水率などにより変化する．設計時は，条件に沿った外力，含水率による変動，経年による性能低下にも考慮して，使用する材の選定，および留付け間隔などを定めることが肝要である．なお，含水率の変化により，留付け強度が半減するケースもあることが確認されている〔解説表 2.1，解説表 2.2 参照〕．

解説表 2.1 各種ステープルの面外引抜強度 [4)]

ステープル仕様				面外引抜強度（N）				
試験体記号	材質	形状，熱可塑性樹脂塗料		気乾	乾燥	気乾比	吸湿	気乾比
A 社 1	ステンレス	ダイバージェント	無	264	185	70.1 %	112	42.4 %
B 社 1	ステンレス	ダイバージェント	有	395	421	106.6 %	171	43.3 %
B 社 2	ステンレス	ダイバージェント	無	205	248	121.0 %	135	65.9 %
C 社 1	ステンレス	チゼルカット	無	275	143	52.0 %	169	61.5 %
D 社 1	ステンレス	チゼルカット	無	335	238	71.0 %	115	34.3 %
C 社 2	鉄	チゼルカット	無	188	81	43.1 %	169	89.9 %
E 社 1	鉄	ダイバージェント	無	200	104	52.0 %	165	82.5 %

解説表 2.2 各種ステープルの面内せん断強度 [4)]

ステープル仕様				面内せん断強度（N）				
試験体記号	材質	形状，熱可塑性樹脂塗料		気乾	乾燥	気乾比	吸湿	気乾比
A 社 1	ステンレス	ダイバージェント	無	486	537	110.5 %	403	82.9 %
B 社 1	ステンレス	ダイバージェント	有	569	761	133.7 %	430	75.6 %
B 社 2	ステンレス	ダイバージェント	無	436	454	104.1 %	359	82.3 %
C 社 1	ステンレス	チゼルカット	無	474	446	94.1 %	376	79.3 %
D 社 1	ステンレス	チゼルカット	無	495	530	107.1 %	309	62.4 %
C 社 2	鉄	チゼルカット	無	295	344	116.6 %	429	145.4 %
E 社 1	鉄	ダイバージェント	無	302	370	122.5 %	412	136.4 %

（3） ラス下地材の留付け

　ラスの留付けと同様，ラス下地材は，柱や間柱などの支持部材に対して，設計条件を満たす保持力を得られなければならない．そのためには，ラス下地材の留付け位置が柱や間柱位置に合致することをあらかじめ確認し，合致しない場合は受け材を柱や間柱に添えて取り付けるなど，準備作業を行っておく必要がある〔解説図 2.22 参照〕．

　釘は，胴が長く線径が太いほど留付け強度は高いとされている．そのためには釘を留める支持部材に十分な厚さと幅が必要である．薄い材や幅が狭い材に釘を打ち留めると割裂により強度低下は容易に起こり得る．ゆえに支持部材は柱，梁，間柱を主とすることが好ましい．構造用面材等のみを支持部材とすることは避けるべきである．

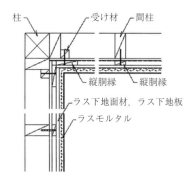

解説図 2.22　入隅に受け材（ラス下地材留付け用）を設置した例

2.3　基準・規格類における基本性能の確保

2.3.1　関係法令への適合性

> 　本指針（案）におけるモルタル外壁の耐久設計にあたっては，関係する法令および関連規定に定められる基本性能を確保すること．

　モルタル外壁の耐久設計に有効な手法として，2.1 にモルタル外壁構法の選定に関する特徴を示し，2.2 に雨水浸入・排出および外壁の剥落防止に関する留意点を示しているが，法令等で求められる構造耐力，防火，防水，断熱，耐久性などの基本性能は確保されていなければならない．

　（1）　構造耐力（耐震性・耐風性・耐積雪荷重等）については，建築基準法に定める規定のほか，「住宅の品質確保の促進等に関する法律」（以下，住宅品確法という）に定める住宅性能評価の規定による基本性能を確保することが前提となる．

　（2）　耐火・防火性能については，建築基準法に定める規定に適合していることが前提となる．

　（3）　防水性能については，住宅品確法に定める住宅性能評価の規定による基本性能を確保すること，および「特定住宅瑕疵担保責任の履行の確保等に関する法律」（以下，住宅瑕疵担保履行法という）に定める技術基準を遵守することが前提となる．

　（4）　断熱性能については，「エネルギーの使用の合理化等に関する法律」（以下，省エネ法という）に定められた規定（義務化）の性能が確保されていることが前提となる．

　（5）　耐久性については，住宅品確法に定める住宅性能評価の規定による基本性能を確保することが前提となる．

　（1）～（5）の各項目のほか，建築基準法に定める関連規定はすべて遵守することとし，そのほか住宅性能評価・長期優良住宅認定制度に定める各規準に応じた関係法規の基本性能認定の運用に応じた性能を確保することを前提として，本指針（案）が活用されることを基本としている．

　建築基準法は，強制義務として人が健全に生活する場としての建築物の耐震性，耐久性，健全性等の最低基準を定めたものであり，通常の生活の場としての人の生命・健康に関する要件が設定されている．したがって，この基準を遵守することは日本のすべての建築物の最低の義務であり，本指針（案）では当該基準が遵守されていることを前提としている．

　住宅品確法に基づく住宅性能表示制度は，1990 年代の欠陥住宅問題等を受け，2000 年に創設さ

れた制度である．この制度は，建築基準法より上位の品質を住宅に求める消費者のための基準も策定されており，住宅品質を個別に比較できる等級が設けられている．また，（独法）住宅金融支援機構　住宅工事仕様書や住宅瑕疵担保履行法等の基準にも適用されており，住宅性能を比較検証できるシステムである．

　改正建築物省エネ法は，2015 年に省エネ基本法として，これまでの省エネ法を総括した制度となり，2020 年 7 月時点版（2016 年省エネルギー基準対応）として手続きマニュアル・技術講習テキスト等が全国の設計事務所等に運用徹底を図るために配布された．世界的低炭素化促進の中で，住宅にも急速に浸透してきた制度でもあり，一定の法的義務化も課せられるようになっている．よって，本指針（案）は，断熱仕様等にも一定の対応を考慮した防水設計・施工を念頭とした内容となっているが，時点版の配布ということからも，今後も短期間の改正もあるとみられ，留意が必要である．

　「長期優良住宅の普及促進に関する法律」は，高度経済成長期のスクラップアンドビルドといわれた 20 年程度の短寿命の住宅生産環境から，現状の成熟経済期といわれる時代に即し，また，欧米先進国の長寿命住宅に倣い，住宅寿命の長期化を図り，低炭素化に資する長期優良住宅の生産環境を整備するために創設されたものである．この基準にも，建築基準法よりも上位基準の等級を定めた前述の住宅品確法が準用されている．

　本指針（案）も，木造住宅の長寿命化に最も影響のある要素の一つであるラスモルタル外壁に係る耐久設計・施工の適正化・優良化について策定したものである．

2.3.2　他の規格・基準類との関係

> 　関係法令以外に，材料・施工に関する標準的な規格・基準類がある場合は，要求されている品質・性能を確保すること．

　関係規格・基準類として，日本産業規格（以下，JIS という），日本農林規格（以下，JAS という）などの材料品質規格，および日本建築学会（以下，本会という）JASS，国土交通省大臣官房庁営繕部監修「公共建築木造工事標準仕様書」，（独法）住宅金融支援機構　住宅工事仕様書，「住宅瑕疵担保責任保険　設計施工基準」などの工事標準仕様書に定める規定がある．

　使用される材料の JIS は，品質が標準化されたもので，契約図書などに引用された場合は強制力を持つことになる．したがって，JIS 以外のものを使用するときは，その材料の品質について，十分留意しなければならない．

　JAS は，木材等の一定の品質を標準化したものである．海外からの輸入品においても，近年，登録認証機関の認証を得た製品もあるが，品質の確保には留意すべきといえる．

　JASS は，一定のエビデンスに基づき作成され，定期的に更新が行われていることもあり，信頼性の高い標準的な工事仕様書である．ただし，改定が短期に行われるものではないため，新規の構法，材料・工法等については設計者・施工者の判断に委ねられることになる．

　「公共建築木造工事標準仕様書」は，官庁営繕事務の合理化・効率化を目的としたものであるが，

民間の建築工事に使用されることも多い．基本的には JASS の内容と異ならないが，相違する項目もあるので注意を要する．

　（独法）住宅金融支援機構の住宅工事仕様書は，対象建築物の工事発注者と請負業者との契約図書の一部をなすものとして策定されたものであり，既往研究の成果である JASS や住宅性能表示制度の評価方法基準等のほか，支援機構独自の仕様（省令準耐火等）も含め，材料・施工に関する標準的な技術基準と位置付けられている．

参 考 文 献

1）梅野徹也，鉾井修一，齋藤宏昭，本間義規：通気層内温湿度変動の実態把握　壁体内通気層における防露性能の実態に関する研究　その 2，日本建築学会環境系論文集，Vol. 81，No. 729，pp.951-959，2016.11

2）梅野徹也，鉾井修一，齋藤宏昭，本間義規：壁体内通気層における防露性能の実態に関する研究　実験住宅における通気量の実態把握，日本建築学会環境系論文集，Vol. 78，No. 694，pp.909-916，2013.12

3）国土交通省気象庁：フーリエスペクトルと加速度応答スペクトル，http://www.data.jma.go.jp/svd/eqev/data/kyoshin/kaisetsu/outou.htm

4）国土交通省　国土技術政策総合研究所ほか：木造住宅の耐久性向上に関わる建物外皮の構造・仕様とその評価に関する研究　第Ⅷ章　ラスモルタル外壁の構造耐力に及ぼす接合部の耐久性評価方法（案），国土技術政策総合研究所資料　共同研究成果報告書，No. 975，pp.9-10，2017.6

3章　材料一般

3.1　材料の選択および使用

> 設計者は，品質の確認された材料を選択する．施工者は，設計図書に指定された材料を使用する．

　設計者は，JIS，JAS，本会が定める材料規格（以下，JASS M という）を満たすものを選択する．なお，これらの品質基準に定められていない材料については，技術資料などを十分に精査するか，これまでの使用実績を考慮するなどして，モルタル外壁の耐久性向上に寄与する品質の材料を選択する．

　施工者は，工事現場に搬入された材料が設計図書に指定された品質に適合しているかを確認して使用する．品質の確認にあたっては，JIS マークおよび JAS マークで確認できるが，JIS マークまたは JAS マークが表示されていない材料については，製造者，供給者あるいは公的な試験機関が発行する試験成績書等により，所定の品質に適合しているかを確認する．

　2004 年 6 月 9 日に改正（2005 年 10 月 1 日施行）された工業標準化法によって，JIS マーク表示制度が見直され，従来の工場認証から製品認証に変わって対象製品が拡大するとともに，JIS マークも改められた．以前は生産工場が JIS 認証の対象とされ，当該工場で生産された製品に JIS マークを表示することができたが，製品認証に移行してからは認証を受けた製品に対して JIS マークが表示できるようになった．また，同時に JIS マークを表示しなくても，事業者自らの責任により JIS 製品規格に適合していることを宣言し，表明する制度が創設された．つまり，該当する JIS に対する運用・適合を自己適合宣言書によって表明するもので，自己適合宣言の指針は，JIS Q 1000：2005（適合性評価‐製品規格への自己適合宣言指針）に定められている．

　JIS Q 1000：2005 に基づく自己適合宣言によって該当する JIS の適合を証明している材料は，自己適合宣言書の追加情報に支援文書が記載された場合，これにより品質を確認できる．支援文書は，供給者の責任の下で自己適合宣言の実質的な裏付けとなる文書のことであり，試験成績書，製品規格書，品質マニュアルなどをいう．

　JASS M は JIS や JAS に定められていない材料の品質規格であり，JASS の巻末に付録として掲載されている．JASS 15：2019 には，JASS 15 M-101（力骨付きラスの品質規準），JASS 15 M-103（セルフレベリング材の品質規準），JASS 15 M-104（下地調整用軽量セメントモルタルの品質規準）がある．

　JIS，JAS，JASS M に定められていない材料には，上塗りモルタルの硬化不良を低減する吸水調整材，防水紙として使う改質アスファルトフェルトや先張り防水シート，鞍掛けシート，モルタル外壁のひび割れ防止に使う補強用ネットがある．解説表 3.1 に吸水調整材，改質アスファルトフェルト，先張り防水シート，鞍掛けシートの品質を規定する規格を示した．これらのうち，日本

建築仕上学会規格 M-101（セメントモルタル塗り用吸水調整材）と（一社）日本防水材料協会規格 ARK 14^W-04（改質アスファルトフェルト）は JASS 15：2019 に引用されている．ひび割れ防止用補強ネットは一般的に適用される品質規格がなく，製造者と使用者が用途によって当事者間において必要とする品質を取り決めている．

解説表 3.1　JIS，JAS または JASS M に定められていない材料の品質規格

材　料　名	品質を規定している規格
吸水調整材	日本建築仕上学会規格 M-101（セメントモルタル塗り用吸水調整材）
改質アスファルトフェルト	（一社）日本防水材料協会規格 ARK 14^W-04（改質アスファルトフェルト）
先張り防水シート 鞍掛けシート	（一社）日本防水材料協会規格 JWMA-A01（先張り防水シート及び鞍掛けシート）
ひび割れ防止用補強ネット	（該当する規格なし）

3.2　材料の試験および検査

製造者は，材料の試験および検査を実施する．

JIS，JAS，JASS M には材料の品質だけでなく試験方法や検査方法も規定されており，これに従って製造者が材料の試験・検査を行う．解説表 3.1 に示す JIS，JAS，JASS M に規定されていない材料も品質規格に試験方法が規定されている．

材料の検査は JIS 認証事業所や ISO 9000s による品質システム審査登録事業所のような品質管理システムが整った場所で行うことが望ましい．これらのような場所で材料の検査ができない場合，あらかじめ製造者と使用者の当事者間において詳細を取り決めておくとよい．

4章　施工一般

4.1　基本事項

> a．施工者は，設計図書に疑義がある場合は，工事監理者と協議する．
> b．施工計画書の作成にあたっては，耐久性に影響を及ぼす条件・要因への対処方法を検討し，工事監理者の承認を受ける．
> c．工事仕様書および施工計画書に準じて施工し，耐久性を損なうような不適切な時期の施工や無理な工事期間の短縮などは避ける．

　a．設計図書に定められた内容が明らかでない場合および疑義が生じた場合は，施工者は速やかに工事監理者に報告し，その処理方法について協議して適切な措置を講ずる．

　b．施工計画書の主な内容は，工事概要，工程，材料，施工方法，品質管理，安全管理，環境保全などであり，耐久性に影響を及ぼす天候（温度，湿度，日射，降雨，風等）への対処方法を事前に検討し，工事監理者の承認を受ける．

　c．使用する材料・部材によっては，著しく天候による影響を受けることがあるので，耐久性を損なうことがないように配慮して，工事仕様書および施工計画書を作成したうえで，適切な施工時期と施工期間となるように施工する．

4.2　施工計画

> a．施工計画書
> 　施工者は，設計図書に基づき施工計画書を作成し，工事監理者の承認を受ける．
> b．仮設計画
> 　材料の搬入，揚重，建込み，取付け，練混ぜ，塗付け，養生などの作業に必要な仮設計画を作成し，工事監理者の承認を受ける．

　a．施工者は，関連工事との調整を図り，設計図書に基づき施工計画書を作成する．施工計画書の主な内容は，以下のとおりである．

（1）工事概要

　工事概要には，工事名称，工事場所，工期，建築主，設計者，工事監理者，施工者，工事管理体制，施工管理責任者，建築用途，敷地面積，建築面積，延べ面積，構造，規模などを記載する．

（2）工程

　工事は，天候による影響を受けることがあるので，温度，湿度，降雨，風などへの対処方法を事前に検討し，工程表および工程図を作成する．特に，左官工事は湿式工法であるため，下塗り，中塗り，上塗りなどの工程があり，それぞれの塗重ねごとに適正な養生期間および乾燥期間が必要である．したがって，材料の決定時期，施工時期，他工種や工程ごとの関連，検査の種類，時期など

全体工程を勘案して工程表や工程図を作成する.

（3）　材料

使用材料については, 用途, 製品名, 規格, 寸法, 製造者, ホルムアルデヒド放散等級などを施工計画書に記載する. 保管方法および保管場所については, 材料の特性に応じて記載する. また, 運搬方法・手段は現場ごとの特殊性を考慮して記載する.

（4）　施工方法

施工方法については, 部位および工法ごとに記載する.

（5）　品質管理

要求品質を確認のうえ, 管理項目および管理方法を記載する. なお, ここで示す要求品質は, 使用材料が所定のものであるか, 仕上がりが所定の状態であるか, 不具合がないかなどである.

（6）　安全管理

作業場所での事故を防止するために, 安全管理や教育の方法を記載する. なお, 化学物質の安全管理については, 製造者が発行する SDS（安全データシート：Safety Data Sheet）を参考としてリスクアセスメントを適切に行うように計画する.

（7）　環境保全

環境保全に関わる施工計画の立案にあたっては, 次の内容に配慮する.

（ⅰ）　作業により発生する粉塵, 騒音
（ⅱ）　作業後に発生する廃水（洗い水）, 残材, 包装・容器などの産業廃棄物, 資材・工具
（ⅲ）　搬入用車両から排出される CO_2 などの発生抑制, 削減および処理対策
（ⅳ）　廃棄物のリサイクル, リデュース, リユースの促進

b．建築工事全般に関する仮設工事については, JASS 2（仮設工事）によるが, ここでは木造住宅におけるラスモルタル外壁の工事に必要な仮設計画について示す.

（1）　仮設足場

仮設足場の適・不適は, 作業の能率と仕上げの精度に影響するので, 次の点に留意して計画する.

（ⅰ）　作業工程に従って, 作業員および材料の荷重を考慮した安全性の確認
（ⅱ）　材料の揚重設備などの仕様および取付け位置
（ⅲ）　足場と施工部位については, 作業しやすい足場の幅および設置位置
（ⅳ）　日除け, 雨除け, 風除け, 保温などに対する養生の方法と必要な資機材

（2）　調合用機材

左官工事に用いる材料については, 所定の調合に基づき, 正確に計量して機械練りを行うことが原則である. 作業内容に応じたミキサーなどの機材設置を計画する.

（3）　電源・水道

工事に必要な電源および材料の練混ぜや清掃に必要な水道について計画する.

（4）　廃棄物処理

残材, 梱包材および洗浄水処理のための容器ならびに処理施設の設置を計画する.

4.3　材料の取扱い

> 　施工者は，材料の搬入ごとに工事監理者の承認および検査を受ける．搬入した材料は工事に使用するまで変質などがないように保管する．

　（1）　施工者は，施工計画書に基づいて使用材料を搬入し，製品名，規格，寸法，数量，製造者，ホルムアルデヒド放散等級などについて工事監理者の承認および検査を受ける．設計図書で JIS や JAS が指定されている材料については，表示されているマークで確認できるが，マークが表示されていない材料については，試験成績書などで検査を受ける．

　（2）　使用する材料は，汚染，損傷，変形などの不具合が生じないように，製造者が表示または提示している材料の取扱いに関する注意事項に留意して保管する．

　（3）　木質系の材料は，含水率が大きく変化しないように雨がかりや直射日光を避けて保管する．

　（4）　左官用材料は，異物の混入や複数の材料が混ざり合わないように汚損を避けて保管する．また，セメント，せっこうプラスターなどの水硬性材料は，湿気の影響を受けないように上げ床のある倉庫などに乾燥状態で保管する．セメント混和用ポリマーディスパージョン，吸水調整材など液体状の材料は，凍結しない環境下で，高温・直射日光を避け，冷暗所に保管する．

4.4　工事共通事項

> ａ．基 本 事 項
> 　施工は，施工計画書に従って行う．
> ｂ．技能士・技能資格者
> 　技能士は資格を証明する資料，技能資格者は資格または能力を証明する資料を工事監理者に提出する．
> ｃ．施 工 管 理
> 　施工者は，品質，工程，安全・衛生などの施工管理を行う．なお，施工管理は，資格または能力を有するものが行う．
> ｄ．検　　　査
> 　施工者は，設計図書に定められた工程ごとに検査を行う．また，工事監理者から指示を受けた場合は，工事監理者に報告する．
> ｅ．養　　　生
> 　施工者は，当該工事箇所および周辺について，汚染または損傷しないように適切な養生を行う．
> ｆ．発生材の処理・後片付け
> 　施工者は，発生材の抑制，分別，再利用・再資源化に努め，工事の完成に際して後片付けおよび清掃を行う．
> ｇ．工 事 記 録
> 　施工者は，工事監理者に指示された事項，工事監理者と協議した事項，工事の経過などを記載した書面などの工事記録を作成する．

　ａ．施工は，施工計画書に従って行うが，関連する他工事との調整や天候などにより，施工条件が変わる場合は，再度検討し変更しなければならない場合がある．ただし，耐久性に影響する工期

短縮等を行ってはならない.

　なお，施工に際しては，使用する材料の施工要領書や使用説明書に準拠し，注意事項および取扱い方法に留意する.

　その他，各工程における基本事項は関連する JASS によるが，解説表 4.1 に示した下地づくりについては，関連性のある JASS 8（防水工事），JASS 11，JASS 15 および JASS 16（建具工事）で標準化されていないため，国土技術政策総合研究所（以下，国総研という）資料「木造住宅モルタル外壁の設計・施工に関する技術資料」[1] などを参考にするとよい.

解説表 4.1　本指針（案）および JASS 15 で対象としている主な工事の範囲

工　程		本指針（案）		JASS 15 （左官工事）
		木質系下地 通気胴縁構法 （二層下地通気構法）	メタルラス下地 通気胴縁構法 （単層下地通気構法）	
下地づくり	面合せ材取付け	○	○	－
	水切り・見切り材の取付け	○	○	－
	先張り防水シート留付け	○	○	－
	バルコニー床の FRP 系塗膜防水施工 （先施工）	○	○	－
	サッシ取付け	○	○	－
	防水テープ貼り	○	○	－
	バルコニー床の FRP 系塗膜防水施工 （後施工）	○	○	－
	透湿防水シート留付け	○	○	－
	通気胴縁取付け	○	○	－
	補助胴縁取付け	－	○	－
	ラス下地板・ラス下地面材取付け	○	－	－
	下端定木取付け	○	○	－
	防水紙留付け	○	○	－
	ラス留付け	○	○	－
仕上げ	JASS 15（左官工事：モルタル塗り）	○	○	○
	JASS 15（左官工事：仕上げ）	○	○	○
	JASS 18（塗装工事）	○	○	－
	JASS 19（セラミックタイル張り工事）	○	○	－
	JASS 23（吹付け工事）	○	○	－

　b．技能士は，職業能力開発促進法に基づき技能検定の合格者に与えられる国家資格で，厚生労働省が所管している. 本指針（案）に関連する技能士には，建築大工技能士，建築板金技能士，左

官技能士，サッシ施工技能士，タイル張り技能士，塗装技能士，防水施工技能士，枠組壁建築技能士などがある．

一方，民間における技能資格者として基幹技能者がいる．基幹技能者は，現場における作業管理や調整に優れた者として各専門工事業団体が独自に認定している．本指針（案）に関連する基幹技能者には，鳶・土工基幹技能者，建築板金基幹技能者，左官基幹技能者，サッシ・カーテンウォール基幹技能者，外壁仕上基幹技能者，内装仕上工事基幹技能者，建設塗装基幹技能者などがある．

基幹技能者制度は 2008 年（平成 20 年）4 月 1 日から建設業法施行規則において登録講習制度として位置付けられ，講習を終了した登録基幹技能者は，公共工事請負いのための経営事項審査において技術者として加点対象となる．

なお，本指針（案）に関連する登録基幹技能者には，前述の基幹技能者のほかに登録防水基幹技能者も含まれている．

c.，d. 施工管理および検査は，工事を受注した施工者が自主管理・検査として実施するもので，施工管理者には設計図書や施工計画書によって要求されている品質および精度の確保ばかりでなく，予定工期内に完成させるための工程管理，さらには労働者や周辺環境への安全・衛生などに対する技術的能力が求められる．

なお，施工管理・検査にあたっては，許容差や目視または計測の方法などを施工計画書に定め，結果の報告にあたっては，施工管理者の確認欄や記録写真欄などを含めて，管理の要点を明記したチェックシートを作成しておくとよい．例えば，メタルラスの留付けに関して，前述の国総研資料[1]では，解説表 4.2 に示す内容のようなチェックシートが例示されている．

解説表 4.2　メタルラスの留付け工程における施工管理チェックシートの例[1]

ラス，ステープル 検査日時：　　月　　日　　　　気温：　　　湿度：		チェック	是正措置が必要な場合の内容と，完了確認サイン
メタルラス	構法（直張り・二層下地通気構法・単層下地通気構法）に適合しているか？	☐　はい	確認者：
	単位面積当たりの質量（g/㎡）は適合しているか？	☐　はい	
ステープル	防水紙を留め付けるステープルは適切であるか？	☐　はい	確認者：
	ラスを留め付けるステープルは適切であるか？	☐　はい	
	留め付ける道具および取扱い方法が適切であるか？	☐　はい	

なお，発注者や設計者が行う工事監理については，施工工程の進捗に応じて，施工中あるいは施工後に行われるが，疑義が生じた場合や是正措置が必要と判断された場合は，工事監理者と協議して決定する．

e. 特に左官工事，塗装工事，吹付け工事などの湿式工法については，液体状の材料を施工し，乾燥後に固体となるため，作業を行う前に近接する他の部材，その他の仕上げ面を汚損しないように，マスキングテープ，クラフト紙，ビニルシートなどを用いて，適切に養生する．

　なお，塗り作業後に養生を撤去する場合，テープの接着剤や粘着剤が残存すると汚れが付着し仕上げ面の美観を損ねる場合があるので，事前に確認してから使用する．

　また，塗装工事などで施工後の塗装仕上げ面に改めて養生を行って，近接する箇所に別の塗装を施す場合などは，養生を撤去する際に下の塗膜が剝離することもあるので，これも事前に確認してから使用する．

　仮設足場の工事用シートについては，本項で特に触れていないが，工事現場や足場からの飛来物や落下物による災害防止・環境保全のほか，施工面への風雨や直射日光による影響の緩和，寒冷期にやむを得ず採暖して施工する場合の養生シートとなる．

　なお，建築基準法施行令第136条の5（落下物に対する防護），労働安全衛生規則第537条（物体の落下による危険の防止），同第538条（物体の飛来による危険の防止）に該当する場合は，法令に準拠する．

　f．施工現場において残材等の発生は避けられないが，資源や環境保全の観点から，できる限り3R（Reduce：発生の抑制，Reuse：再利用，Recycle：再資源化）に努める．

　なお，発生した残材の処理にあたっては関係法令に準じなければならないが，解説表4.3に「廃棄物の処理及び清掃に関する法律（廃棄物処理法）」に規定される建設廃棄物の種類と具体例を示す．

解説表4.3　廃棄物処理法における建設廃棄物の種類と具体例

種　類			具体例
建設廃棄物	一般廃棄物	特別管理一般廃棄物	PCB，廃水銀，ばいじんなどで本指針（案）の範囲では特に該当なし
		特別管理一般廃棄物以外	事務所ごみなど
	産業廃棄物	特別管理産業廃棄物	廃油（引火点70℃未満） 廃酸（pH 2.0以下） 廃アルカリ（pH 12.5以上） 特定有害産業廃棄物（廃PCB等，廃石綿等，ダイオキシンを含む廃棄物，有害物質を含む廃棄物）
		特別管理産業廃棄物以外	汚泥 がれき類 ガラスくず コンクリートくず 陶磁器くず 廃プラスチック類 金属くず 木くず 紙くず 繊維くず 廃油 ゴムくず

　g．工事記録は，施工者が作成し工事監理者に提示または提出する．基本的には品質の証明や維持保全に有効な内容を記録する．例えば，工事監理者に指示された事項，工事監理者と協議した事項，工事の経過などを記載した書面のほか，特に詳細な記録が必要と判断される場合には，工事写真，見本品，試験成績書などを含める．

　近年においては，建築物の設計ばかりでなく，部材・材料・機器などに仕様・性能・コストなどの属性情報を加味した建築情報モデルを構築することによって，維持管理へのBIM（Building Information Modeling）の活用が検討されている．

参 考 文 献

1）石川廣三ほか：木造住宅モルタル外壁の設計・施工に関する技術資料　5. 設計・施工チェックシート，国土技術政策総合研究所資料　共同研究成果報告書, No. 779, p.145, 2014.3

5章 下地工事

5.1 基本事項

施工計画書に記載された工程に従い，適切に施工する.

　本章ではラスモルタル外壁の「木質系下地通気胴縁構法」および「メタルラス下地通気胴縁構法」を対象としており，構造用面材を含む構造体よりも屋外側の下地づくりから仕上げに至る基本工程を解説表5.1に示す.

解説表5.1　ラスモルタル外壁に必要な基本工程

工　程	木質系下地 通気胴縁構法 (二層下地通気構法)		メタルラス下地 通気胴縁構法 (単層下地通気構法)		項
面合せ材取付け	○				5.2.1
水切り・見切り材取付け	○				5.2.2
先張り防水シート留付け	○				5.2.3
バルコニー床のFRP系塗膜防水施工（先施工）	○	↓	○	↓	5.2.4
サッシ取付け	○				5.2.5
防水テープ貼り	○				5.2.6
バルコニー床のFRP系塗膜防水施工（後施工）	↓	○	↓	○	5.2.7
透湿防水シート留付け	○				5.2.8
通気胴縁取付け	○				5.2.9
ラス下地板・ラス下地面材取付け	○		↓		5.3.1
下端定木取付け	○		↓		5.3.2
防水紙留付け	○		↓		5.3.3
ラス留付け （波形ラス，こぶラス，力骨付きラス）	○		↓		5.3.4
補助胴縁取付け	↓		○		5.4.1
下端定木取付け	↓		○		5.4.2
ラス留付け（リブラス）	↓		○		5.4.3
備考（バルコニー防水の施工手順）	A	B	A	B	

[注]　A：FRP系塗膜防水先施工（サッシ後付け）の場合
　　　 B：サッシ先付け（FRP系塗膜防水後施工）の場合

　解説表5.2に本章で対象とする下地材の組合せを示した．通気胴縁を取り付ける柱・間柱の屋外側の下地材がない場合，補助胴縁を取り付けることができないため，通気胴縁の屋外側にラスを留め付ける下地がない構法（同表中の（1）と①の組合せ）は「適用不可（禁止）」とした．また，柱・間柱の屋外側に小幅板を用いる構法は，ラス下地材の種類によらず，「適用外」とした．これらの構法は，構造体内の湿気を通気層内に排出する機能は優れているが，構造耐力を確保するために筋

解説表5.2　通気胴縁の屋内側と屋外側の下地材の組合せ

			ラスを留め付ける通気胴縁の屋外側の下地材		
			① なし	② ラス下地板	③ ラス下地面材
通気胴縁を取り付ける柱・間柱の屋外側の下地材	（1）	なし	×	○	○
	（2）	小幅板	−	−	−
	（3）	構造用面材	○	○	○

［注］○：適用可　×：適用不可（禁止）　−：適用外

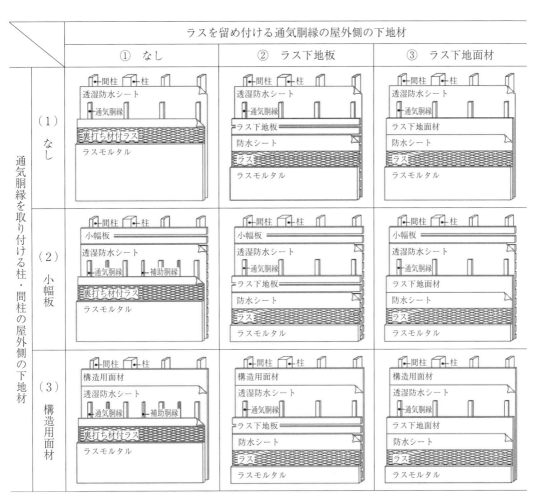

解説図5.1　解説表5.2の組合せに該当する下地構成の例
［注］例の記載と適用の可否は無関係

かいなどの設置が必要であり，また，開口部建具回りの止水処理に工夫も必要であり，近年では採用されるケースが少ないため，本指針（案）の適用外とした.

5.2　通気胴縁までの下地共通工事

5.2.1　面合せ材取付け

> a．材　　　料
>   面合せ材は，構造体外側の一般部に構造用面材などを使用する場合に，開口部周辺，出入隅部にはめ込む材料であり，一般部の下地材と同じ材料または同じ厚さで，長期間にわたり防水テープの接着力が保持できるものとする.
> b．施　　　工
>   構造体の外側の一般部に下地材を取り付けている場合は，開口部周辺，出入隅部などの外壁面に凹凸が生じないよう，面合せ材をぐらつかせないよう柱または間柱に取り付ける.

　a．開口部周辺では，サッシフィンに防水テープを貼り付ける材に著しい段差が生じないように面合せ材をはめ込むが，面合せ材は，防水テープの被着面になるため，長期にわたり粘着力が保持できるよう，表面が平滑で乾燥したものを使用する必要がある.

　b．解説図5.2に示すとおり，サッシ回りの防水テープ接着面の下地に大きな段差がある場合，または十分な幅の下地がない場合は，防水テープは「浮き」および「しわ」などによる接着不良を起こしやすいので面合せ材を設ける.防水テープおよび透湿防水シートに「浮き」や「しわ」などが生じると，「水みち」となり雨水が浸入しやすくなる.

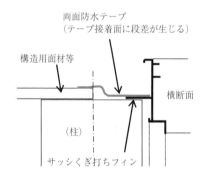
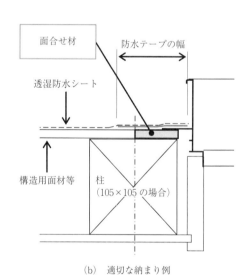

（a）　不適切な納まり例　　　　　　　　　　（b）　適切な納まり例

解説図 5.2　面合せ材がない不適切な納まりと推奨仕様例[1]（単位：mm）

5.2.2 水切り・見切り材取付け

> a．材　　料
> （1）　水切り
> 　　水切りの材質は，JIS G 3312：2019（塗装溶融亜鉛めっき鋼板及び鋼帯）の塗装溶融亜鉛めっき鋼板に適合するもの，JIS K 6744：2019（ポリ塩化ビニル被覆金属板及び金属帯）のポリ塩化ビニル被覆金属板に適合するもの，JIS H 4001：2006（アルミニウム及びアルミニウム合金の焼付け塗装板及び条）に適合するもの，JIS G 3320：2016（塗装ステンレス鋼板及び鋼帯）の防錆処理鋼板，硬質塩化ビニル鋼板などに適合するものとする．
> 　　水切りは，通気層内の通気を妨げない形状・寸法のものとする．土台回りにねこ土台を使用する場合は，ねこ土台の換気量が十分に確保される形状・寸法の土台水切りとする．水切りに接触する下地に防腐防蟻処理が施され，かつ，水切りへ絶縁用のテープなどを貼り付けない場合は，ステンレス鋼製と同等以上の防食性を有する通気部材とする．
> （2）　軒天井通気見切り材
> 　　軒天井通気見切り材は，水切りの材質と同等以上の耐食性を有するものとし，通気量が十分に確保される形状・寸法のものとする．
> b．施　　工
> 　　外壁の下部およびバルコニー手すり壁の下部の水切りの施工は，次の（1）～（4）による．
> （1）　土台または土台に張り付けられた面材下地の下端に土台水切りを取り付ける．
> （2）　下屋とその上部の外壁の取合い部には，水切り（雨押え）を取り付ける．
> （3）　バルコニー手すり壁の下部には，水切りを取り付ける．
> （4）　土台回りに防腐防蟻処理が施され，ステンレス鋼製と同等以上の防食性を有する通気部材を用いていない場合は，水切りの土台側に絶縁用のテープなどを貼り付ける．

　a．（1）　防腐防蟻処理が施された部材に金属製の水切りが接触した場合，腐食するおそれがあるので，接触を防止する絶縁テープを使用したり，防食性の高いステンレス鋼製の土台水切りを使用したりする必要がある．土台水切りに防虫対策を施さない場合は，通気層や換気部材内に生物が侵入し，通気に影響したり，糞尿により周囲の部材が劣化したりするおそれがあるので，防虫部材の設置を検討する必要がある．なお，防虫部材の中には，著しく通気を阻害する製品があるので，生物の侵入を防ぎ，通気層内の通気を妨げない部材を選定する必要がある．

　（2）　軒天井見切り材は，通気量，防水，防虫に対して配慮された部材を選定する必要がある．

　b．（1）　解説図5.3に示すとおり，土台取合い部は，外壁を流下する雨水，通気層内に浸入した雨水，地面から跳ね上がる雨水などが土台へ回り込むのを防ぐため，土台水切りを設ける．土台水切りは，水が切れる出寸法を確保し，外壁の通気および床下の換気を妨げない形状とする．

　（2）　下屋根から立ち上がる2階の外壁などについても土台回りと同様に，外壁の通気を確保した水切り（雨押え）を設ける必要がある．下屋と外壁の取合い部の例を解説図5.4に示す．

　（3）　バルコニー手すり壁の下部には，水切りを設ける必要がある．その例を解説図5.5に示す．

　（4）　防腐防蟻処理材と土台水切りとの接触を避けるため，解説図5.3に示す絶縁テープを施す．

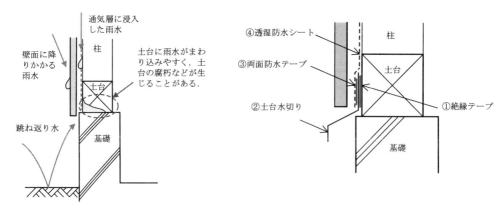

（a）　土台水切りがない場合（不具合事例）　　　　　　（b）　土台水切りがある場合（推奨例）
　　　　　　　　　　　　　　　　　　　　　　　　施工手順：①　絶縁テープ，②　土台水切り，
　　　　　　　　　　　　　　　　　　　　　　　　　　　　　③　両面防水テープ，④　透湿防水シート

解説図 5.3　外壁下端の不具合事例と推奨仕様例

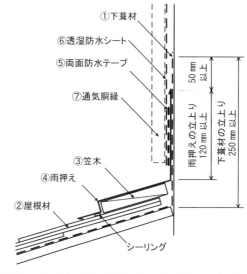

施工手順：①　下葺材，②　屋根材，③　笠木，④　雨押え，⑤　両面防水テープ，⑥　透湿防水シート，⑦　通気胴縁

解説図 5.4　下屋と外壁の取合い部の例^{文献2）より作成}

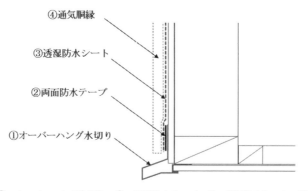

施工手順：①　オーバーハング水切り，②　両面防水テープ，③　透湿防水シート，④　通気胴縁

解説図 5.5　オーバーハング水切りの取付け例

5.2.3　先張り防水シート留付け

> a．材　　　料
>
> 　　先張り防水シートは，（一社）日本防水材料協会規格　JWMA-A01（先張り防水シート及び鞍掛け
> シート）に適合したものとし，防水テープとの接着性および相性が良いものとする．
>
> b．施　　　工
>
> （1）　窓台への留付け
>
> 　　透湿防水シートの留付けに先立ち，窓枠へサッシを取り付ける場合は，サッシ取付け前に窓枠
> の下部へ先張り防水シートを留め付けておく．
>
> （2）　外壁と屋根との取合い部回り
>
> 　　外壁と下屋の屋根の取合い部に設置する雨押え板金の壁側には，あらかじめ先張り防水シート
> を留め付けておく．

　a．　先張り防水シートや鞍掛けシートの表面または裏面は，防水テープと接着性が良いものを選
択する．製品構成の例を解説図5.6に示す．なお，防水テープとの良好な接着性が確認できる場合，
同図の材料構成に限らない．

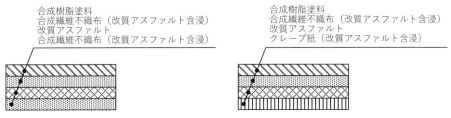

合成樹脂塗料
合成繊維不織布（改質アスファルト含浸）
改質アスファルト
合成繊維不織布（改質アスファルト含浸）

合成樹脂塗料
合成繊維不織布（改質アスファルト含浸）
改質アスファルト
クレープ紙（改質アスファルト含浸）

解説図5.6　先張り防水シートの層構成の例

　b．（1）　先張り防水シートの役割は，万一，サッシ枠や取付け部から雨水が浸入した場合でも，
先張り防水シートで雨水を受け止め，構造材などの劣化や屋内への雨水浸入を防止することであり，
また，サッシ枠の結露水から構造体を守るためにも有効である．解説図5.7に示すとおり，先張り
防水シートは，サッシを取り付ける前に，窓台と両側の柱にかかるように張る．

　（2）　雨押えと透湿防水シートとの取合い部分には，屋根に直接降りかかる雨水，外壁を伝わっ
て流れ落ちる雨水，屋根面から跳ね返る雨水など，比較的大量の雨水が回り込みやすい傾向があり，
雨水が浸入しやすく弱点となり得る箇所である．

　透湿防水シートは，解説図5.8に示すとおり，雨押え板金および先張り防水シートの上に被さる
ように施工して，雨水や結露水などが壁体内へ浸入しないように施工すること．屋根と壁面取合い
部の下葺きは，250 mm以上，かつ，野地先より300 mm，鼻隠し下端より200 mm以上張り下げる．

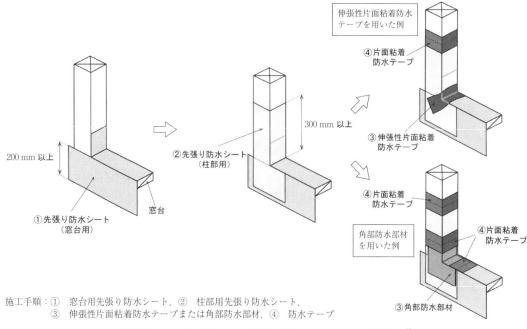

施工手順：① 窓台用先張り防水シート，② 柱部用先張り防水シート，
　　　　　③ 伸張性片面粘着防水テープまたは角部防水部材，④ 防水テープ

解説図 5.7　開口部回りの先張り防水シートの推奨仕様例[2]

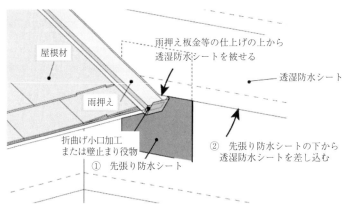

施工手順：
① 下屋の軒，棟，けらばと外壁との取合い部は，先張り防水シートをあらかじめ
　屋根下地材（垂木など）と壁下地材との間に先張りする．
② 先張り防水シートの下端に下側の透湿防水シートを 90 mm 以上差し込む．

解説図 5.8　先張り防水シートの施工手順[2]

5.2.4　バルコニー床の FRP 系塗膜防水施工（先施工）

　a．材　　料
　（1）　防水用ポリエステル樹脂は，JASS 8 M-101：2022（防水用ポリエステル樹脂）に適合するも
　　　のとする．
　（2）　防水用ガラスマットは，JASS 8 M-102：2022（防水用ガラスマット）に適合するものとする．
　（3）　プライマー，絶縁用ブチルゴムテープ，パテ材，硬化剤，トナー，仕上塗料，FRP 系塗膜防

　水用ルーフドレン等は，防水材製造所の指定する製品とする．

　b．施　　　工

　　バルコニー床の防水施工は，JASS 8 の FRP 系塗膜防水工法・密着仕様（L-FF）に従って行う．

　FRP 系塗膜防水の施工に用いる材料は，JASS 8 および「公共建築木造工事標準仕様書」と同じである．

　バルコニーに面して設置されるテラス窓では，通常，サッシ下枠の下部において防水層立上りの高さが低いため，サッシ先付け（防水後施工）の場合，無理な姿勢での施工となり，またサッシ下枠の影に防水層の末端が隠れてしまうため，止水処理が不完全となりやすい．これに対し，防水先施工（サッシ後付け）の場合，防水層立上り末端を目視で確認しながら施工でき，また窓台の上面で末端を納めることもできる．さらに水返しを設けることも可能である〔解説図 5.9 参照〕．ただし，サッシ取付け時期が遅くなるため，それまでの間，屋内への雨の吹込みを防ぐための養生が必要となる．また，サッシ縦枠の防水層立上り末端の高さの直上付近に，防水層の厚み分の段差によって縦フィンの背後に隙間が生じるため，この部分に止水処理を施す必要がある．

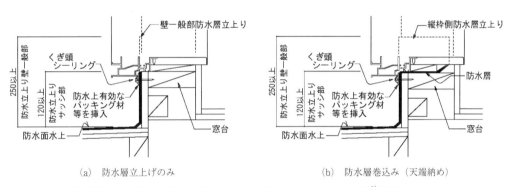

(a)　防水層立上げのみ　　　　　　　　　　(b)　防水層巻込み（天端納め）

解説図 5.9　防水先施工（サッシ後付け）の場合の納まり例[3]（単位：mm）

5.2.5　サッシ取付け

　a．部　　　材

　　サッシは，開口部への要求性能に基づいて選定されたサッシを使用する．

　b．施　　　工

　（1）　縦フィンと横フィンが連続していない場合，適切な処置を施す．

　（2）　サッシの取付けは，JASS 16 に従って行う．

　a．窓の性能は，住宅性能表示のほか，社会背景や環境問題等で要求される項目および等級があり，建築基準法や JIS など多岐にわたり定められている．（一社）日本サッシ協会は，消費者に適切に情報を伝えることを目的として，窓の性能を次の 10 項目に絞り定義しており，要求性能に従ってサッシを選択する必要がある．

　窓の基本性能：①　耐風圧，②　水密性，③　気密性

　安全・安心に関係する性能：④　防火性，⑤　バリアフリー，⑥　防犯性

居住の快適性：⑦　断熱性，⑧　遮音性，⑨　防露性，⑩　日射熱取得性

（1）　防水性

サッシの種類として，アルミサッシ，樹脂サッシ，木製サッシ，複合サッシなどがあり，防水性に関係の深い縦フィンと横フィンの相互間は，以下に示すものがある．

　（ⅰ）　縦フィンと横フィンが不連続であり，その間にシーラー材が設けられている．

　　一般的なアルミサッシや複合サッシなどは，このタイプが多い．解説写真5.1のとおり，シーラー材は，サッシ上端に達していないため，縦フィンと横フィンの間は，防水テープとの重なり幅が著しく少なくなっており，雨水浸入リスクの高い部位となる．

解説写真 5.1　サッシシーラー材と隙間の例[文献2）より作成]

　（ⅱ）　縦フィンと横フィンが溶着され，連続している．

　　一般的な樹脂製サッシなどは，解説写真5.2に示すとおり，縦フィンと横フィンが溶着されているため，相対的に雨水浸入リスクが低くなっている．

解説写真 5.2　樹脂サッシコーナー部裏面の溶着例

　（ⅲ）　サッシフィンがないまたは不連続であり，シーラー材もないもの．

　　窓回りからの雨水浸入を防ぐには，連続した止水層が必要となる．特に止水層が不連続な場合は，雨水浸入リスクが高いためサッシ製造者が指定する施工方法を遵守する必要がある．

（2）　防露性

樹脂サッシに使用されている樹脂の熱伝導率は，熱を伝えやすいアルミに比べて約1/1000であり，外気温の影響を抑制するので結露が生じにくい．一方，アルミサッシなど窓フレーム部分の熱

貫流率（Uf 値）の高いサッシを使用し，環境条件により壁体内で結露が発生した場合，結露水を拭き取ることが不可能であり，結露水の木材・木質材料への接触により劣化するリスクが生じる．

　b．（1）　解説図 5.10 に示すように縦フィンと横フィンが連続していない場合は，サッシ製造者が指定する施工方法を遵守する．サッシフィンの不連続部分は，製造者の専用部品などを用い，サッシフィン相互を連続させる．

　（2）　水準器と下げ振りを用いて水平・垂直を確認しながら，製造者または（一社）日本サッシ協会が規定する取付け精度に従って，サッシを取り付ける．サッシ取付け精度が，規定以内になっているか確認し調整する．規定値を超えると錠がかからなかったり，気密・水密性が悪くなったりする可能性がある．サッシ枠の変形パターンが複合で発生した場合は取付け精度以下でも開閉に支障がでる場合がある．取付け後は開閉確認をする．

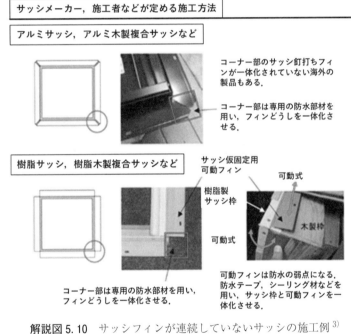

解説図 5.10　サッシフィンが連続していないサッシの施工例[3]

5.2.6　防水テープ貼り

　a．材　　　料

　　防水テープは，JIS A 6112：2019（住宅用両面粘着防水テープ）に適合し，透湿防水シートの製造者が指定する製品を使用する．指定がない場合は，幅 75 mm 以上の両面粘着防水テープとし，サッシフィン，防水紙などの被着体に対して十分な密着性を長期間保てるものとする．

　　手すり壁の上端部に用いる防水テープは，指定がない場合，幅 75〜100 mm 程度の両面粘着防水テープとし，手すり壁の上端部と鞍掛けシートに十分な接着力を有するものとする．伸張性防水テープは，三面交点の防水性を高めることができるものとする．

　b．施　　　工

　　防水テープの施工方法は，次の（1）および（2）による．

（1）　開口部回り
（ⅰ）　防水テープの施工に適した気温であることを確認する．
（ⅱ）　被着面が十分に乾燥し，ほこりや汚れが付着していないことを確認する．
（ⅲ）　先張り防水シートがない場合は，サッシ下部，サッシ脇，サッシ上部の順に，ヘラやローラー等を使用し，両面防水テープを密着させながら貼り付ける．
（ⅳ）　先張り防水シートに浮きやしわが生じないようにした後，サッシ脇，サッシ上部の順に，ヘラやローラー等を使用し，両面防水テープを圧着させながら貼り付ける．
（2）　外壁の上下端部およびバルコニー手すり壁の下端部
　　　外壁およびバルコニー手すり壁に留め付ける透湿防水シートの最下部および最上部には，透湿防水シートのまくれを防ぐため，防水テープを貼り付ける．

　a．両面粘着防水テープの性能評価試験には，JIS A 6112：2019（住宅用両面粘着防水テープ）があり，粘着力（常態性能，耐久性能），保持力，密着安定性などが試験項目となっている．木造住宅には，両面粘着防水テープだけではなく，片面粘着防水テープも使用されるが，現時点で，片面粘着防水テープの公的な規格は存在しないので，特に片面防水テープを選定する際は，各種の性能を事前に把握する必要がある．

　窓回りは，住宅内で最も雨水が浸入しやすい部位であり，防水テープと透湿防水シートの境界面から漏水することもある．漏水リスクを低くするため，窓回りに用いる防水テープは，幅50 mm以上の両面防水テープを使用することを規定していることがあるが，防水テープは貼り方により，著しく密着性が異なるため，幅75 mm以上を推奨する．両面防水テープ周辺の漏水の可能性として，サッシフィンとテープの境界面，透湿防水シートとテープの境界面のいずれもあるが，透湿防水シートは，しわが発生しやすく，相互の粘着力が低いので，テープの幅が広いと水みちが連続することによる漏水リスクが低くなる．また，防水テープの幅が狭いと，サッシ脇に取り付ける通気胴縁の下地面に段差が生じて安定しないが，テープの幅が広い場合は，安定性が高まるとともに胴縁の取付け孔からの漏水も防ぐことも可能となる．

　防水テープの選定にあたっては，被着材の種類・状態・幅，使用可能な温度範囲や下地の凹凸に対する追従性，耐久性などが異なるので，製造者に対して，各種の性能についての問い合わせが必要となる．なお，解説写真5.3に示すとおり，防水テープと透湿防水シートの組合せによっては，新築時にしわがないように施工したのにも関わらず，防水テープに含まれる軟化剤や可塑剤による

解説写真 5.3　経年により，窓回りにしわが生じた透湿防水シート[2]

影響で，経年変化によりしわが生じることがある．透湿防水シートを使用する際は，透湿防水シート製造者が推奨する防水テープを選定することが肝要である．

b．（1） 防水テープは，気温，被着面の湿潤状態，ほこり，汚れ，サッシフィンやビスによる凹凸などによる影響で粘着力が著しく低下することがあるので，状況を事前に把握する必要がある．防水テープは，低温時や高温時に粘着力が低下する傾向があるので，被着面の温度と使用する防水テープの粘着力との関係を事前に把握しておく必要がある．

被着面となる下地材が濡れている場合，表面だけを拭いても，内部の水分が接着面に移動し，粘着力に影響することがあるので，内部まで十分に乾燥させることが肝要である．防水テープはしわが発生しやすく，そのしわが水みちとなり漏水の要因となる．しわを発生させない方法として，ヘラやローラーにより丁寧に圧着させることが重要である．なお，テープの貼付け位置や手順は解説図5.11のとおりとする．

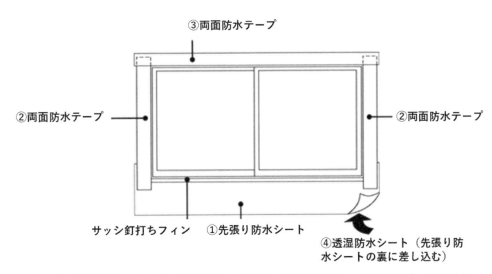

施工手順：① 先張り防水シート，② 両面防水テープ（縦枠），③ 両面防水テープ（上枠），④ 透湿防水シート

解説図 5.11 防水テープの施工手順[1]

（2） 窓回りが漏水により劣化していることがあるが，必ずしも窓回りの防水テープから雨水が浸入しているとは限らない．解説図5.12のように適切に施工せず，透湿防水シートを垂木下端付近の高さまで張り上げていなかったり，透湿防水シートの上端を防水テープで貼り付けていなかったりした場合，強風時，軒先から吹き上げた雨水が透湿防水シートの裏側に回り込み，下地面材を流下して，サッシ上端に達し，滞留した雨水により窓回りが劣化することも調査により確認されている．

また，解説図5.13のような適切な施工とせず，土台水切りや，下屋の屋根と外壁の取合い部の水切り（雨押え）と透湿防水シートが防水テープにより貼り付けられていない場合，強風時，雨水が吹き上げられ，サッシの下端に達し，周辺の部材を劣化させるリスクがある．したがって，窓回

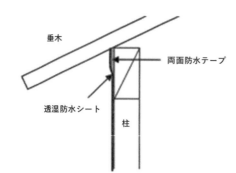

両面防水テープの貼付けがないため透湿防水シートが撓み，通気量を減少させ，シート裏面に雨水が浸入しやすい状態になっている

解説図 5.12　外壁上部の適切な納まり例

りの劣化を防ぐには，透湿防水シートを留め付ける外壁の上下端部には，防水テープを貼ることが肝要である．下地面材がなく，透湿防水シートの屋内側に雨水浸入した場合は，断熱材や構造材が濡れ，劣化することも考えられる．

　バルコニー手すり壁の下端の水切りも，強風時に雨水が吹き上げられることがあるため，透湿防水シートとの間に防水テープを設ける必要がある．

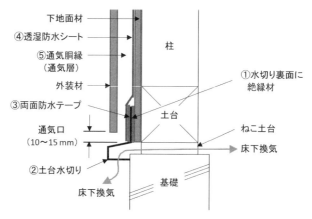

施工手順：①　絶縁材，②　土台水切り，③　両面防水テープ，④　透湿防水シート，⑤　通気胴縁

解説図 5.13　外壁下部の適切な納まり例

5.2.7　バルコニー床の FRP 系塗膜防水施工（後施工）

---

a．材　　　料
　　FRP 系塗膜防水の施工に用いる材料は，5.2.4 a．による．
b．施　　　工
　　バルコニー床の防水施工は，5.2.4 b．と同様に，JASS 8 の FRP 系塗膜防水工法・密着仕様（L-FF）に従って行う．

---

　a．使用する材料は，バルコニーに面するテラス窓を取り付けた後，バルコニー床の FRP 系塗膜防水を施工する場合と同様である．

　b．サッシ先付け（防水後施工）の場合〔解説図5.14参照〕，バルコニーに面して設置されるテラス窓のサッシ下枠下部では，防水層立上りの高さが通常低いため，細心の注意を払って防水層を施工する必要がある．特に，防水用ガラスマットは，防水層立上り末端よりも低い位置で切りそろえ，防水層からガラスマットがはみ出さないように納めることが重要である．ガラスマットの端部がはみ出ていると，そこが水みちとなって，防水層の背後に雨水が回り込むおそれがある．

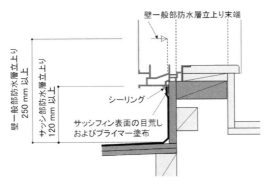

解説図5.14　サッシ先付け（防水後施工）の場合の納まり例[3]

5.2.8　透湿防水シート留付け

　a．材　　　料
　　透湿防水シートは，JIS A 6111：2016（透湿防水シート）に適合する外壁用透湿防水シートAまたは外壁用透湿防水シートBと同等以上の性能を有するものとする．
　b．施　　　工
　（1）　一般部
　　　透湿防水シートは，横張りとし，たるみなく下から上へ張り上げ，上下の重ねは90 mm以上とする．左右の重ねは150 mm以上とする．ただし，構造体に面材が張られていない場合の左右の重ねは，柱または間柱の間隔とする．
　（2）　出入隅部
　　　入隅部は，通しで張らず左右で重ねる．面材がない場合の左右の重ねは，両隣の柱や間柱に留付け，下地面材がある場合は両方向へ柱幅以上確保し留め付ける．出隅部は，下地の有無にかかわらず通しで張り，重ねを設ける必要がある場合は，両方向へ柱幅以上を確保し留め付ける．
　（3）　開口部回り
　　　防水テープの剥離紙を剥がし，サッシ下部は，先張り防水シートよりも屋内側に差し込んで，透湿防水シートを留め付ける．
　（4）　外壁およびバルコニー手すり壁の上下端部
　（ⅰ）　外壁およびバルコニー手すり壁の下端
　　　　外壁およびバルコニー手すり壁の下端の水切りの外側に透湿防水シートが十分に重なるようにする．透湿防水シートと土台水切りの相互間は，防水テープを貼り付け，透湿防水シートのまくれがないようにする．
　（ⅱ）　外壁およびバルコニー手すり壁の上端
　　　　外壁の上端は，排気に支障がない範囲で，垂木またはころび止め下端付近まで張り上げる．透湿防水シートの上端部に防水テープを貼り付ける．
　　　　透湿防水シートを張り終える前に軒天井回りの施工をする場合は，あらかじめ透湿防水シー

> トを留め付けておき，下部の透湿防水シートは先張りした透湿防水シートへ差し込む．
> 　バルコニー手すり壁の上端は，透湿防水シートを手すり壁の両面に上端に達するまで張り付け，手すり壁の上面の下地全面には両面粘着防水テープを貼り，その上に鞍掛けシートを両面粘着防水テープの剥離紙を剥がしながら張り垂らす．

　a．透湿防水シートは，製品の種類によって，次の点において違いがあるので，適切なものを使用する．

（1）　JISにより耐久性のグレードが区分されており，促進暴露試験終了後，試験温度が90℃では7週間（Ⅰ-1），17週間（Ⅱ-1），26週間（Ⅲ-1）の加熱処理，試験温度が80℃では，14週間（Ⅰ-2），34週間（Ⅱ-2），52週間（Ⅲ-2）の加熱処理を行った後，防水性，引張強度残存率，引張伸度残存率を求める試験を実施して，カタログまたは仕様書に性能項目の数値が表示されることになっている．耐久性を確保するには，Ⅲ-1またはⅢ-2の性能を満たしたシートの使用が推奨される．JIS A 6111（透湿防水シート）では，耐久性を区分するため，加熱処理試験を実施しており，耐久性区分Ⅰ，ⅡおよびⅢはそれぞれ10年，30年および50年を目安としている．低品質の材料を使用したり，透湿防水シートを留め付けた後に長期にわたり外装を施さず，紫外線に曝露された場合は，下記の解説写真5.4のように，早期に劣化する事例が散見される．

解説写真5.4　4年経過した透湿防水シートの劣化事例

（2）　木材保存処理剤などの薬剤により処理された通気胴縁などが，雨水および結露水に接触した場合，木材保存処理剤に含まれる界面活性剤などが溶出し，透湿防水シートの防水性を低下させることがあるので，木材保存処理剤に含まれる含有物について確認することが推奨される．特に建築時は，通気胴縁が降雨により容易に濡れるが，建築後も通気層に雨水が浸入することも考えられる．通気胴縁は，薬剤処理をする規定はないので，無処理の乾燥材とするか，通気金具を使用するなど，対処方法を検討することが推奨される．

　なお，透湿防水シートの屋内側である構造材が薬剤処理され，乾燥が十分でない場合も防水性が低下するおそれがあるので，十分に注意する．

（3）　透湿防水シートと防水テープの製品ごとの種類によっては相性がある．例えば，防水テープの種類により，透湿防水シートの汚染原因である軟化剤，可塑剤などを含み，経年により透湿防

水シートの品質を損ねたり，しわによる漏水を引き起こしたりする．透湿防水シートと防水テープとの相性について，製造者に問い合わせ，確認することが推奨される．

（4） 透湿防水シートの種類によっては，外壁に横張りした際，上下端部にまくれが生じることがあり，まくれが著しい場合，通気層の通気量が減少して，壁体内の環境を悪化させ，周辺部材を劣化させることが考えられる．また，まくれが生じた場合，まくれの部分から雨水が浸入することがある．土台水切りがある部位を除き，まくれをステープルで留め付けることも可能であるが，透湿防水シートは釘孔止水性が低いので，釘孔が多いと雨水浸入の可能性が高くなる．したがって，まくれは防水テープなどで抑止することが望まれるが，面材などの下地がない場合，透湿防水シート相互の重ね部にまくれが生じても，それを抑止することが困難なので，まくれを生じない透湿防水シートに変更する必要がある．

b．透湿防水シートは，一般部の防水性が高いが釘孔止水性が低いため，ステープルの留付けの数や位置に十分注意する．

（1） 透湿防水シートは，解説図5.15に示すとおり，横張りにより下から張り上げる．何らかの要因によりシート内部に雨水が浸入しないように，シートの上下の重ね代は90 mm以上，左右は150 mm以上設ける．シートにたわみが生じた場合，通気層内の通気量が減少するおそれがあるので，防水テープで上下端部を張り付けておく．なお，ステープルの留付けを必要以上に多くすると，ステープルの釘孔からの雨水浸入のリスクを高めるので，必要最小限とする．

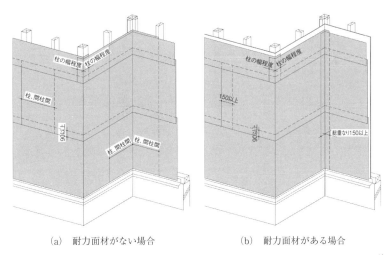

(a) 耐力面材がない場合　　　(b) 耐力面材がある場合

解説図 5.15 一般部および出入隅部における透湿防水シートの留付け方法[1]

（2） 解説図5.15に示すとおり，下地面材の有無に応じて適切に留め付ける．

（3） 開口部の下側の透湿防水シートは，解説図5.16に示すとおり，先張り防水シートの下に差し込んで張る．その他の箇所は，両面粘着防水テープの剥離紙を取り除きながら浮きやしわが生じないように透湿防水シートを留め付け，専用ローラー，ヘラ等を用いてしっかりと押さえる．特に両面粘着防水テープの重ね部やサッシの凹凸のある部分，段差のある部分などは強く押さえて施工する．

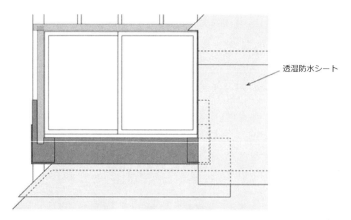

解説図 5.16　開口部回りにおける透湿防水シートの留付け例[2)]

＜透湿防水シート先張り工法の例（参考）＞

　透湿防水シートの長い使用実績を有する米国では，サッシ取付けの前に広幅の透湿防水シートの留付けを行う手順が一般的であり，この例を参考に国内向けにアレンジした方法が紹介されている．その施工手順を解説図 5.17 に沿って説明する．

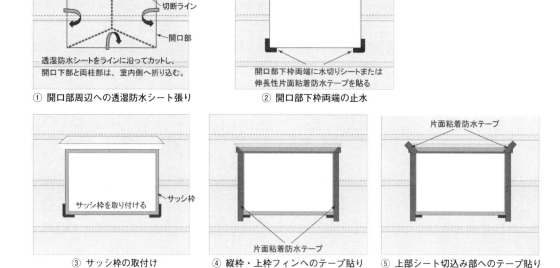

① 開口部周辺への透湿防水シート張り　　② 開口部下枠両端の止水

③ サッシ枠の取付け　　④ 縦枠・上枠フィンへのテープ貼り　　⑤ 上部シート切込み部へのテープ貼り

解説図 5.17　透湿防水シート先張り工法の施工手順[2)]

① 開口部周辺へ透湿防水シートを留め付け，図中の破線に沿ってシートをカットし，屋内側へ折り込む．開口上部のみ外側へたくし上げる．

② 開口部下枠両端に水切り防水シートまたは伸張性片面粘着防水テープを貼る．

③ サッシ枠を取り付ける．

④ サッシ縦枠，上枠の順に，釘打ちフィンに片面粘着防水テープを貼る．片面粘着防水テープは，サッシ枠の釘打ちフィンと透湿防水シートに半分ずつかかるように貼る．たくし上げた開口上部の透湿防水シートを元の位置に下げる．

⑤ 開口部上部の下げた透湿防水シート両端の切断ラインに沿って斜めに片面粘着防水テープを貼る．

（4）（i）　外壁またはバルコニー手すり壁の下端に張られている透湿防水シートにまくれが生じている場合，送風撒水試験では，風速 5 m/s 付近より通気層の給気口から雨水が浸入することが確認〔解説図 5.18 参照〕されている．したがって，土台水切りと透湿防水シート間に防水テープなどを貼り付けるなど，対処することが推奨される．さらに，土台水切りに防水テープを貼り付けた場合でも，風速 15 m/s 付近より，その上部のシート同士の重ね部より雨水浸入することも確認されている．したがって，その地域の風の強さに対応した対策が必要になる．下地面材がない場合は，防水テープを貼り付けることが困難となるので，まくれが生じない透湿防水シートを選択する必要がある．

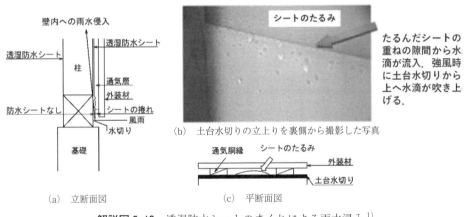

解説図 5.18　透湿防水シートのまくれによる雨水浸入[1]

（ii）　軒裏と外壁の隙間から雨水が吹き込んでも壁内や屋内に浸入しないように以下の防水処理を行い，通気層から排水させる仕様を推奨する．

軒の出寸法が十分にある場合の透湿防水シートの施工は，解説図 5.19 に示すとおり，軒天井，外壁材のどちらを先に施工するかに関係なく，透湿防水シートは垂木下端の高さまで施工する．その際，軒裏と外壁との取合い部と透湿防水シートの最上部との高さに差があまりない場合，透湿防水シートの上端に両面粘着防水テープを貼って密着させる．

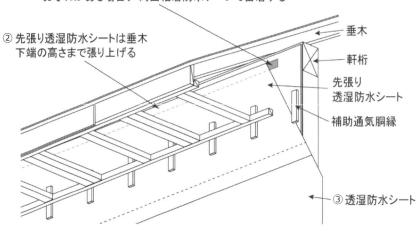

① 取合い部から透湿防水シートに雨水が吹き込む
　おそれがある場合、両面粘着防水テープで密着する

② 先張り透湿防水シートは垂木
　下端の高さまで張り上げる

垂木

軒桁

先張り
透湿防水シート

補助通気胴縁

③ 透湿防水シート

施工手順：①　両面防水テープ，②　先張り透湿防水シート，③　透湿防水シート差込み

解説図 5.19　外壁上部による透湿防水シートの張り方例[2]

　バルコニーの防水性を確保する仕様の一例として，解説図 5.20 に示す方法が考えられる．本工法は，手すり壁の上部へ両面防水テープを通して貼ることにより鞍掛けシートを固定することが可能なほか，笠木取付け時の釘やねじ貫通部周囲の止水効果，穿孔時の木くずがシート裏面に入り込み水みちになることを防ぐ効果もある．

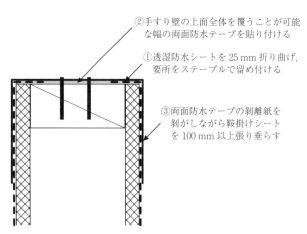

②手すり壁の上面全体を覆うことが可能
　な幅の両面防水テープを貼り付ける

①透湿防水シートを 25 mm 折り曲げ，
　要所をステープルで留め付ける

③両面防水テープの剝離紙を
　剝がしながら鞍掛けシート
　を 100 mm 以上張り垂らす

施工手順：①　透湿防水シート，②　両面防水テープ，③　鞍掛けシート

解説図 5.20　バルコニー手すり壁の上部の防水納まりの例[4]

5.2.9　通気胴縁取付け

> a．材　　料
> 　一般部の通気胴縁は，厚さ 15 mm 以上，幅 45 mm 以上の乾燥した製材，集成材，LVL または耐
> 水性を有する構造用合板のいずれかによる．隅角部の通気胴縁は幅 90 mm 以上を基本とする．
> b．施　　工
> （1）　一般部
> 　　通気胴縁は，土台水切り部から開口部回り，軒天井部，小屋裏や棟換気口などにかけて通気が
> 確保されるよう縦に配置し，N 65 くぎを用いて 303 mm 以下の間隔ですべての柱および間柱に
> 留め付ける．
> （2）　出入隅部
> 　　出隅部は一方の勝ち負けを決めて留め付ける．幅 90 mm 以上の通気胴縁を留め付けるか，幅
> 45 mm 以上の通気胴縁を並べて留め付ける．
> （3）　開口部回り
> 　　サッシフィンに接触しないように離し，開口部周辺の通気が確保できるように留め付ける．
> （4）　外壁の上下端部
> 　（ⅰ）　通気を軒天井見切縁から屋外へ排出する場合
> 　　　通気胴縁は，土台水切り付近から，軒天井手前まで設ける．
> 　（ⅱ）　通気を小屋裏へ排出する場合
> 　　　通気胴縁は，土台水切り付近から，垂木下端付近まで設ける．

　a．木材保存処理剤などの薬剤により処理された通気胴縁などが，雨水および結露水に接触した
場合，木材保存処理剤に含まれる界面活性剤などが溶出し，透湿防水シートの防水性を低下させる
ことがある．通気胴縁は，薬剤処理をする義務はないので，無処理の乾燥材とするか，通気金具を
代用するなど，対処方法を検討することが推奨される．

　通気胴縁は，地震時による外壁の変形に伴い割裂しやすく，ラスモルタル外壁に剝離や脱落性に
も影響を及ぼすことがあるので，割裂しにくい幅や材質のものを使用することが肝要である．

　b．（1）　通気は，給気口から排気口に至るまで全体が連続していることが必須であり，上部に
閉じられた部分があると，水蒸気が排出されず，構成部材が劣化するおそれが生じるので，通気胴
縁の配置には十分に注意する．特に外壁の上下端部や開口部回りで胴縁を水平に配置する工法の場
合は，通気量や雨水・結露水の滞留について十分に注意する必要がある．

　（2）　出入隅部はモルタルのひび割れが生じやすく，壁体内が劣化しやすい部位であるので，丁
寧に施工する．

　（3）　木造住宅の中で，開口部は最も雨水が浸入しやすいことが認識されており，通気により開
口部回りを十分に乾燥させることが重要である．通気胴縁が開口部回りに密集していると乾燥しに
くく，劣化のリスクが高まるので，通気胴縁は必要以上に近づけないことが重要である〔解説図
5.21 参照〕．

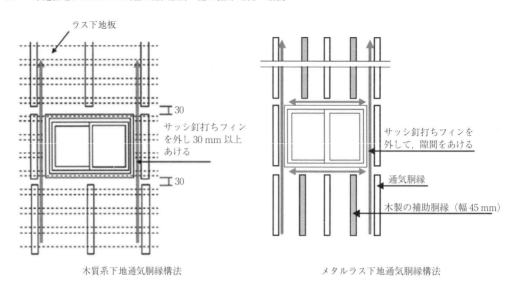

木質系下地通気胴縁構法　　　　　　　　　　メタルラス下地通気胴縁構法

解説図 5.21　開口部および外壁上下端部の胴縁の配置の例

（4）　通気層の入口と出口を明確にし，通気層の経路に滞りがないよう連通させる．入口は土台水切り部分として，出口は小屋裏換気孔（軒裏，妻，棟等）に通気するか，または軒天井見切り縁に通気するよう通気胴縁を設置する〔解説図 5.22 参照〕．

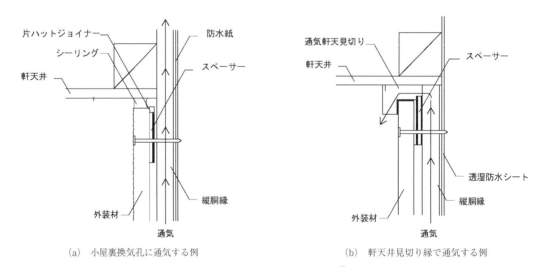

（a）　小屋裏換気孔に通気する例　　　　　　（b）　軒天井見切り縁で通気する例

解説図 5.22　通気構造の例[5]

5.3　木質系下地通気胴縁構法の下地工事

5.3.1　ラス下地板・ラス下地面材取付け

> a．材　　　料
> 　通気層屋外側の下地材は，（1）または（2）のいずれかとする．
> （1）　ラス下地板

　　　　ラス下地板は，厚さ12 mm以上，幅70 mm以上の乾燥材であること．
　（2）　ラス下地面材
　　　　ラス下地面材は，厚さ9 mm以上の構造用合板または同等以上の留付け力を有する材質およ
　　　び厚さであること．
　b．施　　　工
　（1）　一般部
　　（ⅰ）　ラス下地板の留付け
　　　　　通気層外側のラス下地板は，交差するすべての柱または間柱上へ，N 50くぎ2本で取り付ける．
　　（ⅱ）　下地面材の留付け
　　　　　通気層外側の下地面材は，すべての柱および間柱へN 50くぎを使用し，150 mm以下の間
　　　　隔で取り付ける．
　（2）　出入隅部
　　　　ラス下地板または下地面材は，出隅または入隅まで連続するように，取合う2面の勝ち負けを
　　　決め，通気胴縁を貫通し柱や間柱へ取り付ける．釘の先端が柱や間柱に打ち込めない場合は，あ
　　　らかじめ受け材を取り付けておく．
　（3）　開口部回り
　　　　隅角部付近では，下地の継目を設けない．サッシに接触しないように離して取り付ける．
　（4）　外壁およびバルコニー手すり壁の上下端部
　　　　通気部材との距離を保ち，通気を阻害しない位置に取り付ける．

　a．本構法は，通気胴縁の外側からラス下地板または下地面材などを取り付けた下地に対して，
その外側から防水紙やラスなどを留め付ける「木質系下地通気胴縁構法」を対象とする．

　JASS 15では，このような構法を「二層下地通気構法」としているが，本指針（案）では「1.4
用語」に示したとおり「木質系下地通気胴縁構法」としている．本構法の一例を解説図5.23に示す．

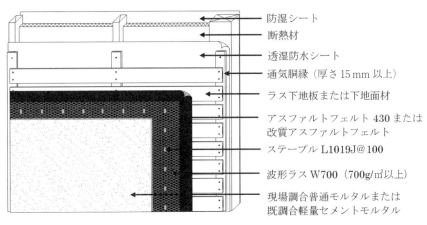

　　　　　　　　　　　　　　　　　　　　　　　　　防湿シート
　　　　　　　　　　　　　　　　　　　　　　　　　断熱材
　　　　　　　　　　　　　　　　　　　　　　　　　透湿防水シート
　　　　　　　　　　　　　　　　　　　　　　　　　通気胴縁（厚さ15 mm以上）
　　　　　　　　　　　　　　　　　　　　　　　　　ラス下地板または下地面材
　　　　　　　　　　　　　　　　　　　　　　　　　アスファルトフェルト430または
　　　　　　　　　　　　　　　　　　　　　　　　　改質アスファルトフェルト
　　　　　　　　　　　　　　　　　　　　　　　　　ステープル L1019J＠100
　　　　　　　　　　　　　　　　　　　　　　　　　波形ラスW700（700g/㎡以上）
　　　　　　　　　　　　　　　　　　　　　　　　　現場調合普通モルタルまたは
　　　　　　　　　　　　　　　　　　　　　　　　　既調合軽量セメントモルタル

解説図5.23　木質系下地通気胴縁構法　波形ラス（解説表5.2における（1）-②の例）

　（1）　地震時のモルタルの耐脱落性を確保するため，ラス下地板の厚さは，12 mm以上確保し
ていなければならない．また，幅70 mm以上の乾燥材であり，かつ，使用予定のラスの留付け間
隔に対応して，ステープルをラス下地板の中央付近に留め付けられる寸法でなければならない．

　（2）　地震時のモルタルの耐脱落性を確保するため，下地面材は，厚さ9 mmの構造用合板ま
たは同等以上のステープルの留付け力を有する材質および厚さが必要である．

　b．ラス下地板は，使用されるラス（波形ラス，こぶラス，力骨付きラス）のステープルの上下の留付け間隔に対応して，留付け部がラス下地板の中央付近となるよう適切に配置する．例えば，波形ラスの上下の留付け間隔は 100 mm であるため，ラス下地も 100 mm 間隔ごとに取り付けられている必要がある．開口部の隅角部回りに継目を設けたり，数多く連続させて継目を設けたりした場合，モルタルのひび割れの要因となるので，下地として適切に配置されている必要がある．

5.3.2　下端定木取付け

> a．材　　　料
>   　下端定木の材質は，モルタルのアルカリ成分に侵されないものとし，その断面形状は L 字型で，出寸法はモルタルの塗り厚に合ったものとする．
> b．施　　　工
>   　下端定木は，水切りより 10～15 mm 上部の位置に，ステープルなどでラス下地板またはラス下地面材に取り付ける．

　a．下端定木は，ラスモルタルの下端を通り良く仕上げるためだけでなく，通気層内への給気を確保するために必要な部材である．下端定木を用いないとモルタルが垂れ下がり，通気の給気口がふさがれてしまうことがある．

　b．水切りの上面と下端定木の下端との間に所定の隙間を設けて取り付ける．納まり例を解説図 5.24 に示す．防水紙，ラスおよびモルタルも，水切り上面まで下げると通気の給気口がふさがれてしまうため，下端定木の下端にそろえる．なお，下端定木の取付けは，工程手順上はラス張付け業者が行うのが望ましい．

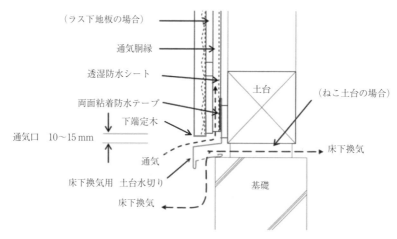

解説図 5.24　下端定木および土台水切りの周辺の納まり例

5.3.3 防水紙留付け

a. 材 料
　ラス下地面材およびラス下地板の上に留め付ける防水紙は，JIS A 6005：2005（アスファルトルーフィングフェルト）に適合するアスファルトフェルト430または（一社）日本防水材料協会規格 ARK 14^W-04：2018（改質アスファルトフェルト）の規定に適合する改質アスファルトフェルトと同等以上の品質を有していること．
b. 施 工
（1） 一般部
　（ｉ） モルタル裏面の防水紙は横張りとし，壁面の下部から上へ張り上げ，上下・左右の重ねは 90 mm 以上とする．
　（ⅱ） 防水紙は，水平を保ち，著しいたるみが生じないように必要最小限の数のステープルで要所を留め付ける．
（2） 出入隅部
　　入隅部は通しで張らず，隅角部より左右両方向へ 90 mm 以上を確保した状態で重ね，ステープルで要所を留め付ける．出隅部は通しで張る．
（3） 開口部回り
　　防水紙は，サッシに接触させて，隙間がないようにする．
（4） 外壁およびバルコニー手すり壁の上下端部
　　防水紙は，上下端部まで張り付ける．

　a．防水紙は，モルタルのひび割れなどにより雨水が壁内側へ浸入しても，その内側にある下地材や軸組周辺などへの浸入を阻止し，劣化を抑止する役割を担っている．しかし，防水紙はステープルなどが貫通し，その周辺部からの浸水が懸念されるので，釘孔止水性などの防水性が高く，耐久性の優れたものを使用する必要がある．

　アスファルトフェルト 430 の各種の性能に満たないものとして，17 kg/ 巻品と 8 kg/ 巻品がある．これらは，建築用ではなく梱包用の防水紙であり，単にアスファルトの含浸量が少ないだけではなく，解説写真 5.5 に示すとおり，寸法安定性，ステープル孔止水性，耐久性が劣るため，雨水が浸入しやすくなるとともに，各種の基本性能や耐久性が低いので，使用してはならない．

　アスファルトフェルト 430 よりもさらに寸法安定性，ステープル孔止水性，耐久性などの性能が高いものとして，（一社）日本防水材料協会規格 ARK 14^W-04：2018 の規定に適合する改質アスファルトフェルトがあり，このような各種の性能の高い防水紙の利用が推奨される．

　b．著しいたるみは雨水の不規則な流れを生じ，下地材への浸入を容易にするとともに，モルタ

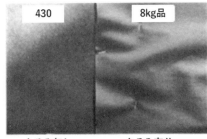

解説写真 5.5 施工当日の降雨によるアスファルトフェルトの挙動

ルの塗り厚が均一にならなくなるので，防水紙は平たんに張り付ける．防水紙の留付けは，ステープル孔からの雨水浸入のリスクが高まるので，必要最小限の数とする．

5. 3. 4　ラス留付け

a．材　　　料
（1）　ラス
　　　　ラスは，JIS A 5505：2020（メタルラス）に適合する波形ラス W 700，こぶラス K 800，力骨付きラス BP 700 のいずれか，または同等以上の品質を有していること．
（2）　補強用ラス
　　　　補強用ラスは JIS A 5505：2020 の平ラス F 450 に適合するものとする．
（3）　ステープル
　　　　ラスを留め付けるステープルは，以下の（ⅰ）〜（ⅲ）に示すラスに対応した JIS A 5556：2021（工業用ステープル）の規定に適合するものまたは同等以上の品質を有していること．
　　（ⅰ）　波形ラス W 700
　　　　　足長さが 19 mm，線径が J 線以上のステープルであること．
　　（ⅱ）　こぶラス K 800
　　　　　足長さが 19 mm，線径が M 線以上のステープルであること．
　　（ⅲ）　力骨付きラス
　　　　　足長さが 19 mm，線径が M 線以上のステープルであること．
b．施　　　工
　　ラスの留付けは，ラスの種類により，以下の（1）〜（3）のとおりとする．
（1）　波形ラスの留付け
　　（ⅰ）　一般部
　　　① 波形ラスは，壁面の下端の出入隅部より，原則として横方向に張り始め，千鳥状に張り上げる．
　　　② ステープル（線径 J 線，足長さ 19 mm 以上）の留付け間隔は，上下左右とも 100 mm 以内とする．
　　　③ ラスの重ねは，上下左右とも 50 mm 以上とする．
　　（ⅱ）　出入隅部
　　　　　出隅および入隅部などの継目は突付けとし，補強用ラスを中央部から直角に曲げて，下張りした波形ラスの外側から張り重ね，膨れ・浮き上がりがないようにステープルで留め付ける．
　　（ⅲ）　開口部
　　　　　開口部の隅角部付近には継目を設けず，下張りした波形ラスの外側から補強用ラスなどを張り重ね，ステープルで留め付ける．
　　　　　ラスは電食を避けるためサッシへ接触させない．
（2）　こぶラスの留付け
　　（ⅰ）　一般部
　　　① こぶラスは，こぶを下地側とし，壁面の下端の出入隅部より，原則として横方向に張り始め，千鳥状に張り上げる．
　　　② すべてのこぶをステープル（線径 M 線，足長さ 19 mm 以上）で留め付ける．
　　　③ ラスは，原則としてこぶで重ねる．こぶで重ねることが困難な場合は，左右の重ねはメッシュ部分を 3 目重ね，上下の重ねはメッシュ部分を 4 目重ねる．
　　（ⅱ）　出入隅部
　　　　　出入隅部のこぶラスは突付けとし，補強用ラスを中央部から 90° に曲げて，下張りしたこぶラスの外側から張り重ね，膨れ・浮き上がりがないようにステープルで留め付ける．こぶの谷

部以外でステープルを留め付ける場合は，ステープルでラスを変形させないように浮留めとする.
(iii)　開口部

開口部の隅角部には継目を設けず，補強用ラスなどを下張りしたこぶラスの外側へ張り重ね，ステープルで留め付ける. こぶの谷部以外でステープルを留め付ける場合は，ステープルでラスを変形させないように浮留めとする.

ラスは電食を避けるためサッシへ接触させない.

(3)　力骨付きラスの留付け

(i)　一般部

①　力骨付きラスは，波付けされた力骨を下地側とし，壁面の下端の出入隅部より，原則として横方向に張り始め，千鳥状に張り上げる.

②　ラスの留付けは，力骨の交点を斜めにまたいだ状態でステープル（線径 M 線，足の長さ 19 mm 以上）を留め付ける.

③　ラスの重ねは，上下左右とも 30 mm 以上とする.

(ii)　開口部

開口部の隅角部付近には継目を設けない. 開口部の隅角部は，下張りした力骨付きラスの外側から補強用ラスまたは力骨付きラスなどを張り重ね，ステープルで留め付ける.

ラスは電食を避けるためサッシへ接触させない.

(iii)　出入隅部

出入隅部は，折曲げ部を 150 mm 以上確保して，まわし張りとし，膨れ・浮き上がりがないようにステープルで留め付ける.

a.　(1)　ラスは，地震時の脱落を防止するため，波形ラス，こぶラス，力骨付きラスの中から1つ選択し，ラスに対応したステープルを選択する必要がある. 耐久性の高いラスとして，ステンレス鋼ラスがある. なお，ステンレス鋼ラスを留め付ける際は，異種金属による電食の問題から，ステンレス鋼製のステープルを使用する必要がある.

各種メタルラスとステープルの組合せを解説表 5.3 に示す.

解説表 5.3　木質系下地通気胴縁構法におけるメタルラスとステープルの組合せ

メタルラス		ステープル			
種　類	重　ね	線　径	長　さ	呼び名例	留付け間隔
波形ラス W 700 以上	上下・左右 50 mm 以上	J 線以上	19 mm 以上	L1019J	垂直・水平 100 mm 以内
こぶラス K 800 以上	こぶで重ねる（左右 3 目，上下 4 目）	M 線以上	19 mm 以上	L719M	こぶ間隔 157 × 167
力骨付きラス BP 700 以上	上下・左右 30 mm 以上	M 線以上	19 mm 以上	L719M	力骨の交点

(2)　ステープルは，ラスで補強されたモルタルを下地および構造体に留め付けるための重要な接合具であるが，解説図 5.25 に示すとおり，使用するステープルの線径や足長さにより，ラスモルタル外壁の強度および変形性状が著しく異なる. ステープルの足は，構造体および下地材の変形に対して追従できる長さと破断を防ぐ強度が必要である. ステープルをラス下地材や下地面材などへ留め付けた場合，足が下地材の裏面へ貫通して突出するが，地震時に構造体が変形した際，この

突出した部分が変形性能を確保し，モルタルの脱落を防ぐうえで極めて重要となる．

　耐食性の低いステープルは，腐食により強度性能が低くなり，地震時に破断して重大な脱落事故を生ずるので，長期間の使用に耐えるだけの耐食性を持つものが必要となる．

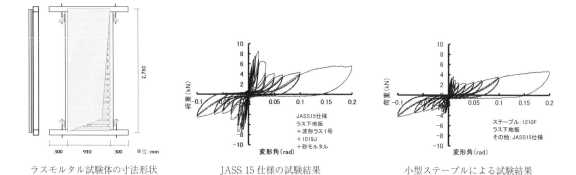

| ラスモルタル試験体の寸法形状 | JASS 15 仕様の試験結果 | 小型ステープルによる試験結果 |

解説図 5.25　面内水平せん断繰返し強度実験（柱頭・柱脚緊結式）

　b．ラスの留付けは，地震時のラスモルタルの脱落を防ぐうえで極めて重要な部分であり，選定するラスの種類に適合したステープルを選定し，適切な間隔で留め付ける必要がある．こぶラス，力骨付きラスの留付け方法を解説図 5.26 および 5.27 に示す．力骨付きラスの交点を留め付けることが不可能な場合は，交点付近の屋外側の力骨を留め付けていることとする．

　ひび割れが発生しやすい部分においては，補強用ラスなどを重ね張りとして補強することで，ひび割れを分散し，その幅を小さくすることができる．また，耐アルカリ処理されたガラス繊維ネットをモルタル表面付近に伏せ込むことにより，同様の効果が得られる．

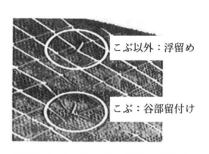

解説図 5.26　こぶラス端部の留付け

解説図 5.27　力骨付きラスの留付け箇所

5.4 メタルラス下地通気胴縁構法の下地工事

5.4.1 補助胴縁取付け

> a．材　　　料
>   補助胴縁は，通気胴縁と同じ厚さであり，通気胴縁と同等以上の耐久性を有していること．
> b．施　　　工
> （1）　一般部
>   剛性が低くたわみやすいラスを使用する場合は，通気胴縁相互間の中心位置に補助胴縁を設置する．
> （2）　外壁およびバルコニー手すり壁の上下端部
>   壁の上下端部のラスがたわみやすい場合は，補助胴縁を設置する．
> （3）　開口部回り
>   開口部の上下のラスがたわみやすい場合は，補助胴縁を設置する．

　a．本構法は，通気胴縁の外側に下張材と一体化されたリブラスを留め付ける「メタルラス下地通気胴縁構法」を対象とする．

　JASS 15では，このような構法を「単層下地通気構法」としているが，本指針（案）では「1.4 用語」に示すとおり「メタルラス下地通気胴縁構法」と示すこととした．本構法の一例を解説図5.28に示す．

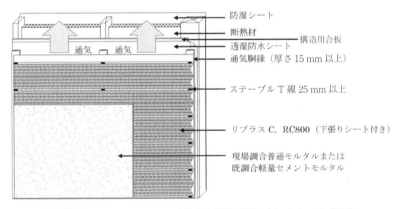

解説図 5.28　メタルラス下地通気胴縁構法（リブラス C 使用）

（解説図5.1における（3）-①の例）

　剛性の低いリブラスを選択した場合は，モルタルを塗り込む際，ラスが凹み，その内側にある通気層の断面が少なくなりやすいので，たわみを少なくするため補助胴縁を設置したり，剛性のあるリブラスを選択したりするなどの対策が必要である．

　b．外壁，バルコニー，開口部回りに補助胴縁を設置する場合は，雨水が滞留しないよう，また，通気量が著しく低下しないように配慮する．補助胴縁の設置例を解説図5.29に示す．

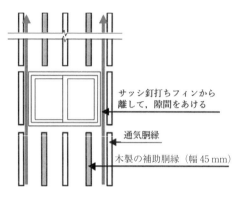

サッシ釘打ちフィンから
離して，隙間をあける

通気胴縁

木製の補助胴縁（幅45 mm）

解説図 5.29　補助胴縁の設置例

5.4.2　下端定木取付け

> 下端定木は，水切りより 10〜15 mm 上部の位置に，ステープルなどで通気胴縁に取り付ける．

　下端定木取付けは，5.3.2 と同様である．

5.4.3　ラス留付け

> a．材　　　料
> （1）　ラス
> 　　　ラスは，JIS A 5505：2020 のリブラス C（RC 800）に適合，または同等以上の品質を有し，ターポリン紙またはそれと同等以上の性能を有する下張材と一体化したものであること．
> （2）　補強用ラス
> 　　　補強用ラスは，5.3.4 a．（2）と同様のものとする．
> （3）　ステープル
> 　　　ラスを留め付けるステープルは，JIS A 5556：2021 に規定されている T 線以上の線径があり，足長さ 25 mm 以上，かつ，通気胴縁を貫通し構造体に留め付けられる長さのものであること．
> b．施　　　工
> （1）　一般部
> 　（ⅰ）　ラスは壁面の下端の出入隅部より横方向に張り始め，千鳥状に張り上げる．
> 　（ⅱ）　ラスの左右の重ねは，通気胴縁上を中心として重ね，30 mm 以上 60 mm 以内とする．上下の重ね部はリブ山を重ねる．
> 　（ⅲ）　縦のステープルの留付け間隔が 155 mm 以内となるよう，リブと通気胴縁の交点をステープルで留め付ける．
> （2）　出入隅部
> 　　　出入隅部のリブラスは突合せとし，補強用ラスなどを直角に曲げて，下張りしたリブラスの外側から張り重ね，膨れ・浮き上がりがないように留め付ける．
> （3）　開口部回り
> 　　　開口部の隅角部付近には継目を設けず，下張りしたリブラスの外側から補強用ラスを張り重ね，結束線などで留め付ける．

　a．（1）　リブラス裏面の下張材は，下地材や構造材の耐久性確保の観点から防水効果を有するものが望ましい．剛性の低いリブラスを選択した場合は，モルタルを塗り込む際，ラスが凹み，そ

の内側にある通気層の断面が少なくなりやすいので，たわみを少なくするため補助胴縁を設置したり剛性のあるリブラスを選択したりするなどの対策が必要である．

（3）　リブラスは通気胴縁の位置にしか留め付けられないため，ステープルはT線以上の線径であり，構造体に留め付けられる長さが確保されたものでなければならない．ステンレス鋼製のラスを使用した場合は，異種金属による腐食の問題から，ステープルは耐食性の高いステンレス鋼製でなければならない．メタルラスとステープルの組合せを解説表5.4に示す．

解説表5.4　メタルラス下地通気胴縁構法におけるメタルラスとステープルの組合せ

メタルラス		ステープル			
種　類	重　ね	線　径	長　さ	呼び名例	留付け間隔
リブラス BP 700 以上	上下リブ1山重ね 左右 30 mm 以上 60 mm 以内	T 線以上	25 mm 以上[(1)]	L825T	通気胴縁へ 155 mm 以内

［注］（1）25 mm 以上かつ通気胴縁を貫通し，構造体に留め付けられる長さとする．

　b．ステープルの打損じがなく通気胴縁や下地材に確実に留め付けた状態である必要がある．ラスの重ね部において，ラスを固定する通気胴縁の留付け部からラスの余長部が長すぎるとラスが構造体の振動などの影響を受けてモルタルにひび割れが生じやすいので，長さを調整して残り部分を切断しておく．ラスの割付けをする際，開口部の隅角部以外の部分で継目をつくり，開口部の隅角部には継目を設けていないようにする．

参 考 文 献

1）石川廣三ほか：木造住宅モルタル外壁の設計・施工に関する技術資料，国土技術政策総合研究所資料，No. 779，2014.3
2）国土交通省　国土技術政策総合研究所ほか：木造住宅の耐久性向上に関わる建物外皮の構造・仕様とその評価に関する研究　第XI章　木造住宅外壁の劣化対策重点部位の推奨納まり図（案），国土技術政策総合研究所資料，No. 975，2017.6
3）日本建築学会：木造住宅外皮の防水設計・施工指針および防水設計・施工要領（案），p.163，2021
4）国土交通省　国土技術政策総合研究所ほか：木造住宅の耐久性向上に関わる建物外皮の構造・仕様とその評価に関する研究　第II章　木造住宅の耐久性を向上させる家造りガイドライン，国土技術政策総合研究所資料，No. 975，2017.6
5）国土交通省　国土技術政策総合研究所ほか：木造住宅の耐久性向上に関わる建物外皮の構造・仕様とその評価に関する研究　第XIII章　木造住宅外皮の換気・通気ガイドライン（案），国土技術政策総合研究所資料，No. 975，2017.6

6章　モルタル塗り工事

6.1　準 備 工 事

6.1.1　事 前 確 認

> モルタル塗りに先立ち，以下の確認を行う．
> a．防水紙の破れ，張り忘れがないこと．
> b．ラスの浮き，ステープルの留め忘れがないこと．
> c．コーナーラスの張り忘れがないこと．
> d．アルミサッシとラスが接触していないこと．

　a．木質系下地通気胴縁構法の場合，防水紙はラス下地板等への雨水等の浸入に対する止水層である．この止水層に不備があった場合は，木製であるラス下地板等に雨水等が浸入し腐朽が生じる危険性がある．

　b．木質系下地通気胴縁構法の場合，ラスに浮きのある箇所はその周囲と比べ，ラスの埋設位置が異なるため，壁の変位が集中しひび割れが生じる状況となりやすい．メタルラス下地通気胴縁構法の場合は，ラスと裏打ち材が一体になっているため，ラスに浮きのある箇所はその周囲と比べ，モルタルの塗り厚が減少するため，壁の変位が集中しひび割れが生じる状況となりやすい．また，ステープルを留め忘れた箇所は，その周囲と比べラスの拘束力が低下するため，壁の変位が集中しひび割れが生じる状況となりやすい．

　c．コーナーラスは出入隅部分でのラスの縁切れを補強し，出隅突端までモルタルを拘束し口開きを低減させる効果がある．ただし，ラスの種類によっては，一般部に張り付けるラスを張り伸ばして折り曲げる方法でコーナーラスを用いない方法もある．

　d．ラスとアルミサッシが接すると異種金属の接触による電解腐食が生じる．これを防ぐため，ラスとアルミサッシが接していないことを確認し，接触している場合はラスの端部を曲げ接触しないようにする．

6.1.2　水糸張り，墨出し，養生および施工時の環境

> a．水 糸 張 り
> 　　出隅部に基準となる水糸を張る．
> b．墨 出 し
> 　　サッシ枠，軒天井等に塗り厚の基準となる墨出しを行う．
> c．養　　　生
> （1）サッシや屋根等が汚損しないように養生を行う．
> （2）塗り付けたモルタルが直射日光や風によって硬化不良を生じないように，足場全面に防塵防風
> 　　　ネット等を張り付けるなどの適切な養生を行う．

d．施工時の環境
（1）　施工時の気温が5℃以下の場合，および硬化までに気温が5℃以下となることが予想される場合は，施工を中止するか，適切な保温，採暖を行う．
（2）　悪天候（降雨，降雪等），またそのおそれがある場合は施工を避ける．

a．コーナー定木を取り付ける際の取付け位置の目安となるように出隅部に水糸を張る．取付け位置は下端定木の突端を基準とし，鉛直方向に伸ばして取り付ける〔解説図6.1参照〕．

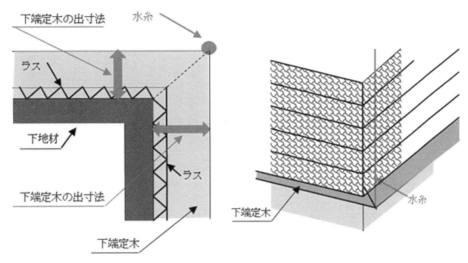

解説図6.1　水糸取付け位置の基準

b．モルタルを塗り付ける際，塗り厚を確保するための目安を設けたほうがよい．通常，壁面の下方においては下端定木が，左右においてはコーナー定木が用いられるが，それ以外の方法による場合は適宜目安を設ける．一般に，サッシ枠や軒天井に墨を打つか，墨出しの代わりに解説写真6.1に示すように養生テープを貼り付けることが多い．墨出しの場合，墨を使用すると墨糸を弾いた際に墨で汚損するため，チョーク墨を使用する．

解説写真6.1　養生テープによる塗り厚の目安

c．サッシ等にモルタルが付着するとモルタルが硬化して取れなくなったり，取れても変色等が生じたりするおそれがある．そのため，モルタルを塗り付ける前に解説写真6.2に示すように養生シート等による十分な養生を行う必要がある．モルタルは水硬性であるため，過度の水分発散は硬

化不良となりモルタルや表面仕上材の剥離・剥落につながる．過度の水分発散は日射や通風によって生じることが多いため，モルタル施工時および養生期間中は，解説写真 6.3 に示すように防塵防風ネットをかけることが重要である．

解説写真 6.2 サッシ回り等の養生

解説写真 6.3 防塵防風ネットの設置

d．モルタルの硬化は低温になるほど鈍化し，硬化速度より水分の発散速度が速くなり，水和反応が不十分な状態で水分が発散してしまう傾向がある．また，施工中に 5 ℃以下となる場合は夜半に氷点下になることもあり，モルタル中の水分が凍結してモルタルが初期凍害を受ける可能性がある．また，モルタルは塗付け後すぐに強度を発現するものではないため，施工中，施工後の早い時点で雨水等がかかるとモルタルの表層や層のすべてが流されることがあるため，事前に施工時の天候を確認しておく必要がある．

6.1.3 コーナー定木取付け

a．材　　　料
　コーナー定木は，その上に厚さが 7 mm 以上のモルタルが塗り付けられる寸法のものとする．
b．施　　　工
　塗り厚の基準および出隅の通りの精度を高めるために，出隅部分に塗り厚の基準となる水糸に合わせてコーナー定木を取り付ける．

a．コーナー定木の形状には「Y 字型」と「への字型」の 2 種類があるが，どちらの形状のものを使用しても構わない．ただし，コーナー定木を水糸に合わせて取り付けた際，コーナー定木の上に塗り重ねられるモルタルの塗り厚が 7 mm 以上となる寸法とする．この寸法以下の場合，コーナー定木の上に塗り重ねたモルタルが強度を十分に発現できず硬化不良やコーナー定木との肌別れを生じやすくなる．

b．コーナー定木の取付けは，モルタル塗付け前，下塗り塗付け時または中塗り塗付け時に行う場合がある．いずれも，次工程のモルタルを塗り付ける際に動かないように固定されていることが重要である．コーナー定木の取付けは，壁面を塗り付けるモルタルと同じモルタルを使用し，コーナー定木の裏面全体をモルタルと密着させる．モルタルでの点付けやステープル留めはコーナー定木の裏面に空隙ができるため行ってはならない．

6.2　現場調合普通モルタル塗り工事

6.2.1　使用材料

a．セメント

　　セメントは，JIS R 5210：2019（ポルトランドセメント）の普通ポルトランドセメントに適合する製品とする．

b．砂

　　砂は，有害量のごみ，土，有機不純物，塩化物などを含まず，耐火性および耐久性に悪影響を及ぼさないものとする．その粒度は，表6.1を標準とする．ただし，最大寸法は塗り厚に支障のない限り大きいものを用いるものとし，塗り厚の半分以下とする．表6.1以外の粒度の砂を使用する場合は，工事監理者の承認を得る．

表6.1　砂の標準粒度

ふるいの呼び寸法（mm） 粒度の種別・用途	ふるいを通るものの質量百分率（%）					
	5	2.5	1.2	0.6	0.3	0.15
A種：セメントモルタル塗り下塗り 　　　用・中塗り用	100	80〜100	50〜90	25〜65	10〜35	2〜10
B種：セメントモルタル塗り上塗り用	—	100	70〜100	35〜80	15〜45	2〜10
C種：セメントモルタル塗り上塗り用 　　　セメントモルタル薄塗り用	—	—	100	45〜90	20〜60	5〜15

［注］　0.15 mm以下の微粒分が表中の値より少ないものは，その粒子の代わりに，ポゾランその他の無機質粉末を適量混合してもよい．

c．混和材料

（1）　無機質混和材

　　　消石灰はJIS A 6902：2008（左官用消石灰）またはJIS R 9001：2006（工業用石灰），ドロマイトプラスターはJIS A 6903：2008（ドロマイトプラスター），フライアッシュはJIS A 6201：2015（コンクリート用フライアッシュ），高炉スラグ微粉末はJIS A 6206：2013（コンクリート用高炉スラグ微粉末）の品質に適合するものとする．

（2）　合成樹脂系混和剤

　　　合成樹脂系混和剤を用いる場合，その種類は，次の（ⅰ）および（ⅱ）による．それ以外の合成樹脂系混和剤を用いる場合は，特記とする．

（ⅰ）　セメント混和用ポリマーディスパージョンは，JIS A 6203：2015（セメント混和用ポリマーディスパージョン及び再乳化形粉末樹脂）の品質に適合するものとする．

（ⅱ）　保水剤（メチルセルロースなどの水溶性樹脂）は，試験または信頼できる資料で品質の確かめられたもの，もしくは実績が確認できるものとする．

（3）　顔料

　　　顔料を用いる場合，耐熱性，耐アルカリ性，耐候性のある無機質を主成分とし，著しい変色がなく，また金物をさびさせないものとする．それ以外の顔料を用いる場合は，特記とする．

（4）　繊維

　　　繊維を用いる場合，その種類は，耐アルカリ性に優れているもので，モルタルを練り混ぜる時に分散しやすく，モルタルのひび割れを抑制できるものとする．

（5）　その他の混和材料

　　　消泡剤，油などを用いる場合，その種類は，試験または信頼できる資料で品質の確かめられたもの，もしくは実績が確認できるものとする．

> ｄ．吸水調整材
>   吸水調整材は，日本建築仕上学会規格 M-101（セメントモルタル塗り用吸水調整材）の品質基準
>   に適合するものとする．
> ｅ．補強ネット類
>   補強ネットは，耐アルカリ性に優れているものとし，現場調合普通モルタル塗りのひび割れを抑制
>   できるものとする．
> ｆ．シーリング材およびシーリング材用プライマー
>   シーリング材は，1 成分形でブリードしないもの，または極めてブリードしにくいものを使用する．
>   シーリング材用プライマーは，被着体に適したものを選定する．
> ｇ．練　混　ぜ　水
>   練混ぜに用いる水は，上水道水または JASS 5（鉄筋コンクリート工事）に規定される「上水道水
>   以外の水の品質」に適合するものとする．

　ａ．セメントの品質はラスモルタル外壁の品質に関わるため，JIS で規定される普通ポルトランドセメントの品質に適合する製品であることを，製造者が発行する試験成績表によって確認する．セメントには，ポルトランドセメント以外に高炉セメント，シリカセメント，フライアッシュセメントなどの混合セメントがあり，ポルトランドセメントの中にも普通，早強，超早強，中庸熱，低熱，耐硫酸塩ポルトランドセメントなど 12 種類がある．本指針（案）では，木造住宅のラスモルタル外壁に使用するセメントとして最も一般的である普通ポルトランドセメントを使用することとしている．セメントには使用期限が設けられているため，使用する前に確認する．

　ｂ．砂には天然のものと人工的に製造されたものがある．天然の砂を用いる場合は，原則として川砂を用いることが望ましい．供給の関係で海砂・山砂を用いる場合は，海砂は塩分，山砂では泥分・有機物の含有量に注意を要する．人工的に製造されたものとしては，けい砂とスラグ細骨材とがある．

　ｃ．（1）　消石灰・ドロマイトプラスターを混和材として用いると，こて作業性がよく，平滑な塗り面が得られ，また貧調合とすることができ，保水性が向上し，収縮によるひび割れ発生応力を減少させることができる．モルタルへの混入は中塗り用，上塗り用に用い，その量はセメントに対し，一般的には容積比で 20 % 以下とされている．

　フライアッシュは，セメントと置き換えて混和することによって減水効果が得られ，収縮を低減できる．混入することにより初期強度は低下するが，長期にわたって強度が増加する．置換率はセメントの質量に対し一般的には 20 % 以下とされている．

　高炉スラグ微粉末を混和したモルタルは，初期強度は低下するが，水密性や硫酸塩などに対する化学抵抗性は向上する．

　（2）　合成樹脂系混和剤をモルタルに混入すると諸物性の向上が期待されるが，混入量が多いと作業性に影響を与える．混入量は合成樹脂系混和剤の製造者の指定によるが，使用するセメント，砂などによってモルタルの性状に違いが生じることがあるため，実際に混入し調整する．

　（ i ）　セメント混和用ポリマーディスパージョンおよび再乳化形粉末樹脂を混和することにより，曲げ強度・引張強度・耐衝撃性・透水抵抗・吸水性・接着性などの諸物性が改善される．その反面，凝結の遅延や上塗りの面の平滑さが得にくくなる．

（ⅱ）　水溶性のメチルセルロースなどを混和することにより保水性が向上するため，下地の吸水が大きい場合や夏季などではドライアウトの抑制に効果がある．

（3）　顔料には，無機系顔料と有機系顔料があるが，耐候性，耐久性から使用できる顔料は無機系のものとする．着色したモルタルを素地のままでおくと，雨がかりなどによって白華など変色する可能性がある．美観を保つためにモルタル表面に撥水剤などを塗布し保護することが望ましい．

（4）　モルタルのひび割れを低減するための材料として混入される．ガラス繊維，カーボン繊維，合成樹脂繊維を切断したものがある．カーボン繊維，合成樹脂繊維は耐アルカリ性を持つが，ガラス素地のものは耐アルカリ性が低いため，ジルコニアを混入したものやガラス繊維に樹脂をコーティングし耐アルカリ性を付与したものを使用する．モルタル混入用として流通しているもののカット長は 6 mm～13 mm が多く，繊維は短冊状になっているものが多い．繊維は，練り混ぜたモルタル中で分散していることが重要である．使用する場合は，あらかじめ分散性を確認することが重要である．

（5）　（1）から（4）以外の混和材料を用いる場合，その種類は，試験または信頼できる資料で品質の確かめられたもの，もしくは実績が確認できるものとする．

　d．一般に，著しく吸水する下地にモルタルを施工すると，材料中の水分が下地に吸収され，材料の硬化に必要な水分が不足して，ドライアウトの原因となることがある．このような場合，以前は水湿しによって吸水調整が行われてきた．しかし，近年においては下地と塗り付ける材料との接着性を確保するために，吸水調整材を塗り付けるのが一般的である．なお，吸水調整材塗りにあたっては，塗り過ぎや塗り残しによって付着力が低下する場合があるので，塗布量，希釈率などは製造者の指定による．

　e．モルタルのひび割れ低減として使用する．ガラス繊維，カーボン繊維，合成樹脂繊維を編み込んだものがある．カーボン繊維，合成樹脂繊維は耐アルカリ性を持つが，ガラス素地のものは耐アルカリ性が低いためジルコニアを混入したものやガラス繊維に樹脂をコーティングし耐アルカリ性を付与したものを使用する．目開きは 4×4 mm から 10×10 mm，単位面積質量が 130 g/m^2 以上のものが望ましい．

　f．開口部回りなどからの漏水防止に使用する．被着体との接着に適しているかを確認し，1成分形でブリードしないもの，または極めてブリードしにくいものを使用する．

　g．練混ぜ水に異常な塩分，鉄分，硫黄分，有機物などが含まれていると凝結時間に影響を及ぼしたり，着色汚染の原因となったりすることがあるため，上水道水を用いる．なお，上水道水以外の水としては，JASS 5（鉄筋コンクリート工事）に準じて，上水道水以外の水の品質の規定に適合するものを用いる〔解説表6.1参照〕．

　冬季，夏季で長時間溜めた水を使用するとモルタルの作業性，物性に影響を与えるため，できる限り流水を使用する．

解説表 6.1 上水道水以外の水の品質（JASS 5 より引用）

項　目	品　質
懸濁物質の量	2 g/L 以下
溶解性蒸発残留物の量	1 g/L 以下
塩化物イオン（Cl⁻）量	200 ppm 以下
セメントの凝結時間の差	始発は 30 分以内，終結は 60 分以内
モルタルの圧縮強さの比	材齢 7 日および材齢 28 日で 90 % 以上

6.2.2　調　　合

> ａ．調合は容積比で表し，表 6.2 を標準とする.
> ｂ．水量は，塗り厚や水引きなどを考慮し，施工に適する軟度が得られる量とする.
> ｃ．工事監理者の承認を得て，表 6.2 の調合に混和材料を混入することができる.

表 6.2 普通モルタルの調合（容積比）

	施 工 工 程		
	下塗り（ラス付け）	むら直し・中塗り	上塗り
セメント：砂	1：2.5	1：3	1：3.5

　ａ．表 6.2 は，塗り層ごとにセメントと砂の調合割合を容積比で示したものである．混和材料を用いて調整する場合も同じである.

　ｂ．練混ぜに用いる水の量は，作業性や塗り厚の確保ばかりでなく，硬化した材料の性能にも影響する場合がある．練混ぜ水量は過少・過多にならないように注意する.

　ｃ．モルタルの物性や作業性の改善を目的として，セメント・砂・水のほかに各種の混和材料を使用する場合は，あらかじめ調合されるモルタルの品質を確認しておくことが重要である.

6.2.3　練　混　ぜ

> ａ．練混ぜは機械練りとする.
> ｂ．セメント，砂およびそのほか粉体状の材料をミキサーに投入後，空練りを行う.
> ｃ．1 回の練混ぜ量は，可使時間以内に使い切る量とする.

　ａ．材料の品質や性能を確保するために，機械練りを原則としている．特に材料を圧送する場合は，材料が均一でないとホース内や機械内で材料が閉塞することがあるため，機械練りをする必要がある．いずれにしても，材料を均一になるまで十分に練り混ぜることが肝要である.

　ｂ．練混ぜ前の粉体が均一でない場合，練混ぜの際に偏りが生じ，均一なモルタルになりにくい．また，混和材料は，均一に混ぜ合わさっていないとその効果が期待できず，また場合によっては悪影響を及ぼすこともある.

ｃ．セメントは水硬性の結合材であるため，水と練り混ぜた直後から水和反応が進行し，モルタルは徐々に固くなっていく．加水して塗れる状態に練り戻したモルタルを塗り付けると，ひび割れの発生や強度低下につながるため，可使時間以内に使い切る量に分けて練り混ぜる．なお，可使時間は温度や湿度に影響されるが，一般的な環境下での目安はおおむね１時間以内である．

6.2.4　運　　　搬

> 練り混ぜたモルタルを塗付け場所まで運搬する方法は，バケツ等による手運びやモルタルポンプによる圧送とする．

練り場から塗付け場所まではバケツ等による手運びが一般的である．２階以上の場合は小形ウィンチなどで荷揚げを行うこともある．その場合は，荷揚げ質量に応じた機械の固定を確実に行い，バケットに適量の材料を入れ荷揚げ中の落下を防ぐ．荷揚げ運搬中の材料などの落下による危険を防止するために，吊り荷の直下は立入り禁止にする．

作業者の負担軽減と省力化などを目的に，モルタルポンプで圧送を行っても構わない．その場合は，機械の能力に応じた口径と耐力を有する圧送管（鋼管，フレキシブルホース）を，短距離，かつ，曲がり部分を少なく配置し，圧送作業は作業手順に従い閉塞に注意して，できるだけ中断しないように連続的に行う．流動性を良くするために過剰に加水すると，モルタルの強度が低くなり，また，乾燥収縮によるひび割れが生じやすくなるので，不要な加水はしない．ホース内にモルタルを残したまま作業を中断するとホース内で凝結し詰まることがあるので，できる限り連続して行い，中断した場合は洗浄等を行う．

6.2.5　塗　付　け

> 現場調合普通モルタルの塗付けは，下塗り，中塗りおよび上塗りの３工程とし，所定の総塗り厚を確保する．
> ａ．下　塗　り
> （１）　下塗りは，ラスの山高さより１mm 内外厚く塗り付ける．
> （２）　下塗りは，ラスの裏面までモルタルが回り込むように塗り付ける．
> （３）　下塗り表面は，金ぐしなどで粗面とする．
> （４）　下塗りは直射日光や風の影響を受けないように 14 日以上適切な養生を行う．
> ｂ．中　塗　り
> （１）　下塗り面に水湿または吸水調整材を塗布する．吸水調整材の塗布量は製造者の指定とする．
> （２）　中塗りは，上塗りに吸込みむらや乾燥むらが生じないよう均一に，かつ，平坦に仕上げる．
> （３）　中塗り表面は，木ごて仕上げとする．
> （４）　中塗りは１日以上，適切な養生を行う．
> ｃ．上　塗　り
> （１）　中塗りが十分硬化乾燥してから上塗りを行う場合は，中塗り面に水湿するか，または吸水調整材を塗布する．
> （２）　上塗りは，所定の仕上げ厚さより２mm 程度薄く塗り付け，塗付け直後に補強ネットを伏せ込む．補強ネットを伏込み後，すぐに２mm 程度再度上塗りを行い，補強ネットを十分に伏せ込む．

（3）　次工程の仕上げの種類に応じ，上塗りの表面は，金ごて仕上げ，木ごて仕上げ，はけ引き仕上げなどとし，平滑に仕上げる．表面仕上げの種類の指定は特記による．

（4）　上塗り後，次工程の仕上げの施工までの間に 14 日以上の養生期間をとる．

（5）　サッシや建具などの周囲にシーリング防水を施す場合には，シーリング材を充填するための目地を設ける．目地は，目地棒を埋設した箱目地または面ごてを用いた三角目地を標準とし，その指定は特記による．いずれの場合も目地幅は 10～12 mm，目地深さは 8～10 mm を標準とする．

　a.（1）　ラスの耐久性，剥落安全性を考慮して，下塗りはラスの山高さより 1 mm 内外厚く塗り付けておくことが必要である．

（2）　塗付けの際，ラスの裏までモルタルを回り込ませる．ラス網がモルタルで被覆されていない状態ではラス網に錆が生じやすく，また，容易にラス網からモルタルが剥離する場合がある．

（3）　下塗り表面は，中塗りとの接着力を向上させるために，金ぐしなどで粗面にする．

（4）　下塗り後の養生期間は 14 日以上を標準とする．なお，養生中は直射日光や風の影響によって，モルタルの硬化に支障がないように配慮する．また，雨がかりがあるとモルタル表層が脆弱となり，次工程以降の施工に支障をきたすことがあるので，雨天対策も必要である．

　b.（1）　下塗り後から中塗りまでの間に 14 日以上の養生期間を設ける．そのため，中塗り時には下塗りが吸水しやすい状態となっており，その状態で中塗りを行った場合，下塗りへの急激な水引きによって中塗りが硬化不良になることがある．そのため，吸水調整を行う必要があり，その方法として吸水調整材の塗布や水湿しがある．吸水調整材を塗布する場合，吸水調整材は日本建築仕上学会規格 M-101 の品質基準に適合するものとし，塗布量，希釈率などは製造者の指定による．水湿しを行う場合は，下塗りに十分散水し，「下塗り表面に水浮きはないが，手で触れると湿気を感じる」程度の状態となってから中塗りを行う．

（2）　中塗りは下塗り面の凹凸を低減させ，上塗りの吸い込みむらや乾燥むらなどの不均一さを生じないための平滑な下地をつくる重要な工程である．塗付け後，水引き具合を見ながら，不陸なく，引き返しよく平たんになるよう，木ごてで平たんにこてむらなく押さえておく．中塗りの表面は，一般的には木ごて仕上げである．

（3）　中塗り後，上塗りを行うまでの養生期間は 1 日以上とし，下塗り時と同様に適切な養生を行う．

　c.（1）　中塗りが十分に硬化・乾燥してから上塗りを行う場合は，下塗り時と同様に中塗り層への急激な水引きによって上塗りが硬化不良になったり，補強ネットが伏せ込みにくくなったりする場合がある．そのため，吸水調整材の塗布や水湿しを行う．

（2）　上塗り時にひび割れを低減するために補強ネットを伏せ込む．現場調合普通モルタルの場合，ノロの出が少ないため，上塗り直後に上塗り表面に補強ネットを木ごてで伏せ込むと，補強ネットが十分にモルタル中に埋設されないことがある．そのため，上塗り工程内で伏せ込み，上塗りの層内に埋設する．

（3）　現場調合普通モルタルの上塗りには，金ごて仕上げ，木ごて仕上げ，はけ引き仕上げなどの種類があるが，表層の仕上材によってその組合せが異なる．これらは，そのままモルタル仕上げ

となるほか，その仕上がり状態に応じて，各種表面仕上げの下地となる．例えば，セメントスタッコや現場調合モルタル吹付け仕上げなど，仕上げ厚の厚いものでは，くし目引き面とすることがある．また，塗装仕上げなどの下地の場合，塗装後わずかなこてむらなども表面に表れるので，金ごて押えは特に入念に施工し，平滑としなければならない．

（4）　上塗り後の養生期間は 14 日以上とする．養生中は直射日光や風の影響によってモルタルの硬化に支障がないように配慮する．また，雨がかりがあるとモルタル表層が脆弱となり，次工程以降の施工に支障をきたすことがあるため，雨天対策も必要である．ひび割れが発生した場合は，セメントペーストや富調合のモルタルなどを用いてこすり塗りして埋めておく．

（5）　開口部回りにシーリング材を施す場合は，解説図 6.2 のように，目地の形成方法として目地棒を埋設し，上塗り後に取り外し箱目地を形成する方法と，面ごてで三角目地を形成する方法，上塗り後三角にシーリング材を施す方法がある．なお，ムーブメントに対する追従性および止水性の点において，推奨としては，目地棒を使用する箱目地＞三角目地＞三角シーリングの順が望ましい．

箱目地を形成する場合，目地棒は，下塗り表面に取り付けるため，中塗り時に目地棒の取付けを行う必要がある．目地棒の幅はプライマーの塗布とシーリング材の充填が確実に行える作業性を確保するため，10 mm 以上を標準とし，目地深さは，浅すぎると接着面積が不足し，逆に深すぎると目地に動きが加わった時にシーリング材表面の伸縮が大きくなるので，8〜10 mm を標準とする〔解説図 6.2（a）参照〕．

三角目地を形成する場合は，解説写真 6.4 のように，上塗り時に面ごてで，窓回りに幅 10〜12 mm×深さ 8〜10 mm 程度の三角目地を形成する．

三角目地の場合，サッシ枠に盛り付けると界面を引き剝がす応力が生じるため，表面は平滑にする．モルタル硬化後にヘラを用いて，開口部回りに 10〜12 mm の三角形状を形成する〔解説図 6.2（b）参照〕．簡便な方法である三角シーリングとする場合，大きな挙動に追従できず剝離が生じやすいため，長期使用に際しては，定期的な点検・補修が必要である〔解説図 6.2（c）参照〕．

またシーリング材を選定する際は，耐汚染性だけでなく，想定する打替え時期までの耐久性を考慮することが望まれる．

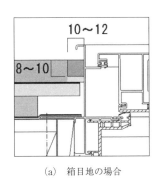
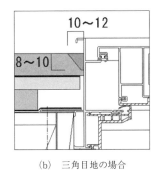
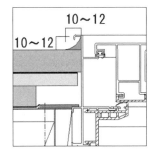

(a)　箱目地の場合　　　　　　(b)　三角目地の場合　　　　　　(c)　三角シーリングの場合

解説図 6.2　開口部回りのシーリング目地の納まり例

解説写真 6.4　左官目地シーリングの目地成形方法

6.3　既調合軽量モルタル塗り工事

6.3.1　使 用 材 料

---

a．既調合軽量モルタル

　　既調合軽量モルタルは，JIS A 6918：2020（ラス系下地用既調合軽量セメントモルタル）の品質に適合するものとする．なお，建築基準法に基づき外壁に防耐火構造等の指定がある場合は，国土交通大臣が定めた構造方法，または国土交通大臣の認定を受けた構造方法に定められた材料とする．

b．練 混 ぜ 水

　　練混ぜに用いる水は，6.2.1 g．による．

c．吸水調整材

　　吸水調整材は，6.2.1 d．による．

d．補強ネット類

　　補強ネットは，6.2.1 e．による．

e．シーリング材およびシーリング用プライマー

　　シーリング材およびシーリング用プライマーは，6.2.1 f．による．

---

　a．既調合軽量モルタルは，現場調合モルタルに比べ作業効率が良く，工場で調合され品質が安定しているなどの理由で普及している．流通している既調合軽量モルタルの製品は多く，性能にも差があるので，本指針（案）では JIS A 6918：2020（ラス系下地用既調合軽量セメントモルタル）の品質に適合するものに限定した．また，外壁を以下の告示に基づいて防火構造等とする場合は，モルタル部分に含まれる有機物の量が当該部分の重量の 8 ％以下であることが条件とされ，塗り厚が定められているほか，屋内側の仕様にも制約がある．

　・防火構造の構造方法を定める件（2000 年（平成 12 年）建設省告示第 1359 号，2021 年（令和 3 年）6 月 7 日改正）

　・準耐火構造の構造方法を定める件（2000 年（平成 12 年）建設省告示第 1358 号，2021 年（令和 3 年）6 月 7 日改正）

　・主要構造部を木造とすることができる大規模の建築物の主要構造部の構造方法を定める件（2015 年（平成 27 年）国土交通省告示第 253 号，2017 年（平成 29 年）3 月 21 日改正）

　既調合軽量モルタルは，現場調合モルタルを軽量化し，作業性の改善等を目的として製造者が設計したものであり，製造者によってセメント，パーライトや EVA 発泡粒等の軽量骨材，けい砂等

の骨材，高炉スラグ，フライアッシュ等の混和材，粉末樹脂や増粘保水剤などを工場で撹拌し袋詰めしたものであり，施工現場において練混ぜ水と練り混ぜて使用するモルタルである．既調合軽量モルタルの品質基準は，JIS A 6918：2020「4．品質」に示されている〔解説表6.2参照〕．

解説表6.2　既調合軽量セメントモルタルの品質（JIS A 6918：2020）

項　目			品　質
単位容積質量		kg/L	1.80以下
練り上がり率		%	±5以下
軟度変化		%	20以下
凝結時間	始発	分	120以上
	終結	分	720以内
曲げ強さ		N/mm^2	2.0以上
吸水量		g	40以下
透水量		mL/h	1.0以下
長さ変化		%	0.15以下

6.3.2　調　合

a．水量は，既調合軽量モルタル製造者の指定による．
b．既調合軽量モルタルは，製造者によって調合されているものであるため，現場では混和剤等の混入は行わないこと．

a．水量は，既調合軽量モルタルの製品ごとに異なるため，製造者の指定による．

b．既調合軽量モルタルは，製造者の設計に基づき調合されたものであるため，製造者が許可しない混和剤等は混入しない．混入することによって本来の物性や作業性等を低下させることがある．

6.3.3　練混ぜ

a．練混ぜは，機械練りとする．
b．練混ぜの手順および練混ぜ時間は，既調合軽量モルタル製造者の指定による．
c．1回の練混ぜ量は，可使時間以内に使い切る量とする．

a．練混ぜは，機械練りを原則とする．6.2.3の解説を参考にされたい．

b．既調合軽量モルタルの練混ぜの手順および練混ぜ時間は，既調合軽量モルタル製造者によって異なるため，製造者の施工要領書や包装・容器などに記載されている方法にて練り混ぜる．

c．1回の練混ぜ量については，6.2.3 c．の解説を参考にされたい．

6.3.4　運　　搬

> 練り混ぜたモルタルを塗付け場所まで運搬する方法は，既調合軽量モルタル製造者の指定による．

　製品によっては圧送ポンプの使用を禁止しているなど，運搬方法が明記されている場合がある．そのため，製造者の施工要領書や包装・容器などに記載されている方法で運搬する．

6.3.5　塗　付　け

> 　既調合軽量モルタルの塗付けは，下塗りおよび上塗りの2工程とし，総塗り厚を 15 mm 以上とする．ただし，外壁を国土交通大臣が定めた構造方法または国土交通大臣の認定を受けた構造方法による場合は，所定の総塗り厚以上とする．
> a．下　塗　り
> （1）　下塗りは，ラスの山高さより 1 mm 以上厚く塗り付ける．
> （2）　モルタルはラスの裏まで回り込むように塗り付ける．
> （3）　下塗りの養生期間は，既調合軽量モルタル製造者の指定による．
> （4）　下塗りが硬化後に上塗りする場合は，下塗り後，ささらなどで表面をなで粗面とする．
> b．上　塗　り
> （1）　下塗りが十分硬化乾燥してから上塗りを行う場合は，下塗り面に水湿しするかまたは吸水調整材を塗布する．
> （2）　上塗りは，所定の仕上げ厚さに塗り付け，塗付け直後に補強ネットを伏せ込む．
> （3）　次工程の仕上げの種類に応じ，上塗りの表面は，金ごて仕上げ，木ごて仕上げ，はけ引き仕上げなどとし，平滑に仕上げる．表面仕上げの種類の指定は特記による．
> （4）　上塗り後，次工程の仕上げの施工までの間に 14 日以上の養生期間をとる．
> （5）　サッシや建具などの周囲にシーリング防水を施す場合には，シーリング材を充填するための目地を設ける．目地の形成方法および形状は，目地棒を埋設した箱目地または面ごてを用いた三角目地を標準とし，その指定は特記による．いずれの場合も目地幅は 10～12 mm，目地深さは 8～10 mm を標準とする．

　　a．（1）　既調合軽量モルタル塗りにおいても，現場調合モルタルと同様に，ラスの耐久性，剝落安全性を考慮しなければならない．また，既調合軽量モルタル塗りは，下塗りと上塗りの2工程で所定の塗り厚に仕上げることが一般的であるため，下塗りである程度の厚みを確保する必要がある．そのため，現場調合モルタルでは下塗りの塗り厚を「ラスの山高さより 1 mm 内外厚く」としているが，既調合軽量モルタル塗りでは「ラスの山高さより 1 mm 以上厚く」としている．

　（2）　下塗りの塗付けは，ラスの裏までモルタルを回り込ませる．ラス網がモルタルで被覆されていない状態ではラス網に錆が生じやすく，また，容易にラス網からモルタルが剝離する場合がある．

　（3）　下塗りの養生期間は，使用するモルタルの製造者により推奨している間隔が異なるため，モルタル製造者の指定による．

　（4）　下塗り完了から上塗りまでに養生期間を設ける場合は，上塗りとの接着力を向上させるために，下塗り表面をささらなどで粗面にする．なお，既調合軽量モルタルは現場調合モルタルと比べ軽量であるため，ほうきを使って粗面にすることもある．

　b.（1）　下塗りは，塗付け後から上塗りまでの間に必要以上の間隔時間を空けると，下塗りが吸水しやすい状態になることがある．その状態で上塗りを行った場合，下塗りへの急激な水引きによって上塗りが硬化不良になることがある．また，水引きにより補強ネットが伏せ込みにくくなることがある．そのため，吸水調整を行う必要があり，その方法として吸水調整材の塗布や水湿しがある．吸水調整材を塗布する場合，吸水調整材は日本建築仕上学会規格 M-101 の品質基準に適合するものとし，塗布量，希釈率などは製造者の指定による．水湿しを行う場合は，下塗りに十分散水し，「下塗り表面に水浮きはないが，手で触れると湿気を感じる」程度の状態で上塗りを行う．

　（2）　既調合軽量モルタル塗りの場合は，上塗り後，むらを取ってすぐに補強ネットを伏せ込む．補強ネットは，材齢初期のひび割れを低減させる効果があるだけでなく，解説写真 6.5 に示すように壁体に変位が生じた際のひび割れ発生量を低減する効果がある．また，解説図 6.3 からわかるように耐力の向上に寄与する効果がある．

 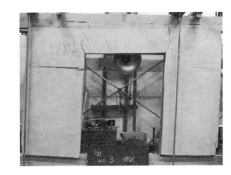

（a）　補強ネットあり　　　　　　　　　　（b）　補強ネットなし

解説写真 6.5　水平加力試験結果

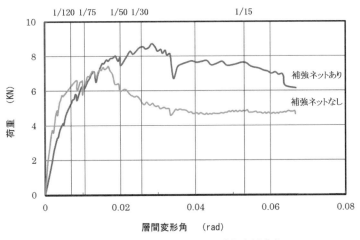

解説図 6.3　荷重−変位曲線^{文献1）より作成}

参 考 文 献

1）稲垣，上村，野田，伊奈，中尾：ラス系下地用既調合軽量モルタルの品質が通気構法外壁の性能に及ぼす影響に関する実験　その3　せん断（水平加力）試験，耐風圧性，日本建築仕上学会 2019 年大会学術講演会資料，2019.10

7章　外装仕上げ工事

a．本指針（案）で対象とする外装仕上げは，建築用仕上塗材仕上げ，色モルタル仕上げ，かき落とし粗面仕上げ，骨材あらわし仕上げ，人造石仕上げ，塗装仕上げとし，その工事仕様は JASS 15 による．
b．建築用仕上塗材仕上げを吹付けまたはローラー塗りで仕上げる場合は，JASS 23（吹付け工事）による．また，こて塗りで仕上げる場合は，JASS 15「6.7　建築用仕上塗材仕上げ」による．
c．塗装仕上げは，JASS 18（塗装工事）による．
d．その他の仕上げは，特記による．

a．ラスモルタルの工事仕様は JASS 15 に示されており，その外壁の外装仕上げについては，左官工事以外の仕上げも含めると解説表 7.1 のとおりである．

解説表 7.1　JASS 15 で対象としているラス下地用外装仕上げの種類

JASS 15 におけるラス下地用外装仕上げの種類		JASS 18・JASS 23 のモルタル下地用外装仕上げ
建築用仕上塗材仕上げ	外装薄塗材 E 仕上げ	
	外装厚塗材 C 仕上げ	
	外装厚塗材 E 仕上げ	
色モルタル仕上げ		
かき落とし粗面仕上げ		
骨材あらわし仕上げ		
人造石仕上げ（洗出し）		
塗装仕上げ（JASS 18）		アクリル樹脂系非水分散形塗料塗り
		2 液形ポリウレタンエナメル塗り（弱溶剤系含む）
		アクリルシリコン樹脂エナメル塗り（弱溶剤系含む）
		常温乾燥形ふっ素樹脂エナメル塗り（弱溶剤系含む）
		つや有合成樹脂エマルションペイント塗り
		ポリウレタンエマルションペイント塗り
		多彩模様塗料塗り
吹付け仕上げ（JASS 23） （吹付け仕上げの材料は建築用仕上塗材）		外装薄塗材 E 仕上げ
		可とう形外装薄塗材 E 仕上げ
		外装薄塗材 S 仕上げ
		外装厚塗材 C 仕上げ
		外装厚塗材 E 仕上げ
		複層塗材 CE 仕上げ（防水形を含む）

吹付け仕上げ（JASS 23）（吹付け仕上げの材料は建築用仕上塗材）つづき	可とう形複層塗材 CE 仕上げ
	複層塗材 Si 仕上げ
	複層塗材 E 仕上げ（防水形を含む）
	複層塗材 RE 仕上げ（防水形を含む）

　b．建築用仕上塗材は，JIS A 6909：2021（建築用仕上塗材）に品質が定められており，JISの品質に適合する製品か否かは，製品の包装・容器に表示されているJISマークで確認できるが，JISマークが表示されていない製品については，試験成績書などで確認する．なお，JIS A 6909は製造工場であらかじめ原材料が調合されている既調合品を対象としているので，施工現場で砂などを加えて調合する現場調合品にはJISマークは表示されない．したがって，現場調合品を用いる場合には，施工現場での調合割合に応じて確認された試験成績書によって，JIS A 6909の品質に適合しているかを確認する．

　例えば，施工現場で混合する砂などの調合割合や塗り厚によっては，解説表7.1の外装薄塗材Eまたは外装厚塗材Eとみなせる製品がある．そのような場合は，解説表7.2の種類や参考に記載されている内容を勘案して，その種類に応じた品質を確認する．JIS A 6909による仕上塗材の種類とJASS 15およびJASS 23（吹付け工事）で対象としている仕上塗材の種類との関係を解説表7.2に示す．

　建築用仕上塗材は，吹付け，ローラー塗り，こて塗りによって施工されるが，吹付けやローラー塗りの工事仕様はJASS 23に，こて塗りの工事仕様はJASS 15に示されているので，これらの仕様書を参照する．

　c．塗装仕上げは，JASS 18（塗装工事）によるが，軽量モルタル下地は適用範囲に含まれていない．軽量モルタルは，モルタルに比べると軽量で，表層の強度も低いので，塗装仕上げの種類との適合性については，JASS 18の「4.3　素地調整」に示されているALCパネル下地との組合せを参考にするとよい．

　d．その他の仕上げには，JASS 15およびJASS 23に示されていない建築用仕上塗材，JASS 18に示されていない塗料，外壁用塗膜防水材，陶磁器質タイル，JISに品質が定められていない仕上材などがあるが，これらの仕上げを行う場合は特記によることとなる．

　その場合，仕上塗材はJIS A 6909，JASS 15およびJASS 23を，また外壁用塗膜防水材，JIS A 6021（屋根用塗膜材）およびJASS 8を参照する．陶磁器質タイルは，JIS A 1509－1～1509－13（セラミックタイル試験方法），JIS A 5209（セラミックタイル），JIS A 5557（外装タイル張り用有機系接着剤）およびJASS 19（セラミックタイル張り工事）を参照する．

　その他の仕上げを用いる場合は，施工実績や製造者の工事仕様を参照する．

解説表 7.2　JIS A 6909：2021による外装に使用する建築用仕上塗材の種類とJASS 15およびJASS 23で対象としている仕上塗材との関係

種類	呼び名	参考 ①用途 ②層構成 ③塗り厚	主たる仕上げの形状	通称（例）	JASS 15	JASS 23
薄付け仕上塗材	外装薄塗材 Si	①主として外装用 ②下塗材および主材、または主材だけ ③3 mm 程度以下	砂壁状	シリカリシン		●
	可とう形外装薄塗材 Si		ゆず肌状		●	●
	外装薄塗材 E		砂壁状	樹脂リシン、アクリルリシン、陶石リシン		●
	可とう形外装薄塗材 E		砂壁状、ゆず肌状	弾性リシン		●
	防水形外装薄塗材 E		ゆず肌状、さざ波状、凹凸状	単層弾性		●
	外装薄塗材 S		砂壁状	溶液リシン		●
厚付け仕上塗材	外装厚塗材 C	①外装用 ②下塗材および主材 ③4〜10 mm 程度	スタッコ状	セメントスタッコ	●	●
	外装厚塗材 Si			シリカスタッコ		●
	外装厚塗材 E			樹脂スタッコ、アクリルスタッコ	●	●
複層仕上塗材	複層塗材 CE	①内装および外装用 ②下塗材、主材および上塗材 ③3〜5 mm 程度	凹凸状 ゆず肌状 月面状 平たん状	セメント系吹付タイル		●
	可とう形複層塗材 CE			セメント系吹付タイル（可とう形、微弾性、柔軟形）		●
	防水形複層塗材 CE					●
	複層塗材 Si			シリカタイル		●
	複層塗材 E			アクリルタイル		●
	防水形複層塗材 E			ダンセイタイル（複層弾性）		●
	複層塗材 RE			水系エポキシタイル		●
	防水形複層塗材 RE					●
可とう形改修用仕上塗材	可とう形改修塗材 E	①外装用 ②主材および上塗材 ③0.5〜1 mm 程度	凹凸状 ゆず肌状 平たん状			
	可とう形改修塗材 RE					
	可とう形改修塗材 CE					

［注］　表中の●印は、JASS 15 または JASS 23 で対象としている仕上塗材の種類を示す。

8章　維持保全計画

> 設計者は，設計時に維持保全計画書を作成し所有者に提出する．所有者は，維持保全計画を履行する．

　住宅の設計者は，設計時に住宅の供用期間，所要の機能・性能，維持管理にあたって想定される限界状態などを勘案して，住宅全体の維持保全計画書を作成し，所有者に提出する．所有者は，維持保全計画の主旨を踏まえ，補修・改修の実施時期や経費を考慮して履行する．

　なお，本指針（案）は木造住宅ラスモルタル外壁を対象としているが，維持保全計画は住宅全体を対象として策定されるので，その中にラスモルタル外壁の点検，調査・診断，補修・改修に関わる業務の基本的な考え方が示されることを前提とする．

　一般に，住宅の外壁は，紫外線・熱・水・ムーブメントなどの作用による材料や部材の経年劣化に伴い，外壁としての機能・性能が低下するばかりではなく，資産価値の減少を招くことや，場合によってはモルタルの剥落等により重大な事故につながることもある．

　したがって，本指針（案）ではラスモルタル外壁の耐久性確保を目的として，設計・施工に関する内容を重点的に示しているが，経年における機能・性能を保持するには，適切な維持管理が重要であるため，維持保全計画書の作成にあたっては，次の（1）～（4）に留意する．

（1）　実施体制・実施者

　維持保全業務を住宅建設会社，工務店，管理会社などに委託する場合は，委託先や委託業務の内容を明確にしておく．また，維持保全の実施にあたっては，専門的な知識・能力が要求されるので建築士やその他の専門技術者の関与について，あらかじめ考慮しておく．

（2）　点検計画

　定期点検および臨時点検の時期，点検の実施者，点検者の資格，点検の方法，点検の項目，点検の部位・箇所，点検結果の記録，点検結果の判定などを考慮しておく．特に，点検結果の判定にあたっては，さらに点検を継続するのか，またはさらに詳細な調査・診断を実施するのか，あるいは点検結果に基づいて補修・改修の要否を判断するのかなどの考え方や基準を整理しておく．

　例えば，「長期優良住宅の普及の促進に関する法律施行規則」に基づく「長期使用構造等とするための措置及び維持保全の方法の基準」（2009年（平成21年）国土交通省告示第209号）では，点検の時期について，「建築の完了又は直近の点検，修繕若しくは改良から10年を超えないものであること」とし，10年を限度としているが，実務にあたっては1年，3年，5年などの点検周期を定めておくとよい．

　また，耐久性を考慮した外壁の点検項目としては，モルタルのひび割れ・欠損，仕上材の膨れ・剥がれ・浮き，シーリング材の破断，漏水の痕跡，さび汚れなどがあり，劣化現象と劣化状態を調査して当該箇所ごとに写真を添えて記録を残すことが望ましい．

（3）　調査・診断計画

　調査・診断は，材料や部材の耐久性などを予測して定期的に行う場合，定期または緊急点検結果により調査・診断が必要と判定された場合，突発的な事故などにより臨時に緊急な対応が求められる場合などに行われる．

　調査・診断は，目視や指触での調査を主体とする点検に比べると，図や写真を活用した劣化の評価基準や簡便な測定器具などを活用して，さらに詳しい調査や劣化原因を推定することが求められる．

　したがって，維持保全計画の作成にあたっては，具体的な調査・診断方法を考慮したうえで，定期的な補修・改修工事の実施前に，現地での調査・診断計画を立案する．

　なお，点検の結果だけで補修・改修工事の要否の判定ができる場合は，調査・診断を省略することができる．

（4）補修・改修計画

　材料や部材の耐久性やライフサイクルコストを考慮して，住宅全体を総括し効率的な補修・改修計画を立案する．なお，維持保全計画書における補修・改修時期は，定期的な点検または調査・診断時期の目安となる．

付　　　録

2019・2020 年 ラスモルタル外壁仕様の実態に関するアンケート調査

1．調査の目的

　このアンケート調査は，住宅のラスモルタル外壁における設計・施工の実態を把握するため，国土交通省　国土技術政策総合研究所（以下，国総研という）の協力を得て，2019 年および 2020 年に実施したものであり，その調査結果は，本指針（案）の作成にあたり参考にした．

　なお，国総研では 2009 年にも同様の調査を実施しており，今回の調査結果と照らし合わせることで，実態がどのように変化したか推し量ることができる．

2．調査の方法

2.1　2019 年　ラスモルタル外壁の仕様に関する実態調査

　この調査は，インターネットによるアンケート方式で実施した．調査地域は全国とし，スクリーニング調査により条件該当者[1]を選定した．調査は 2019 年 2 月に実施し，対象 184 名より 100 名の有効回答を得た．

> ［注］（1）「設計事務所，ビルダー・工務店，ゼネコン，ハウスメーカー，官公庁建築部門，左官工事店，外装工事店，ラス工事店，防水工事店，リフォーム工事店，いずれかの仕事に従事し」，かつ，「施工技能職，設計職，施工管理職，いずれかの職種に属し」，かつ，「ラスモルタル外壁を施工もしくは設計している者」

　アンケートの設問は Q1 から Q26 まであり，設問の内容は以下のとおりである．

Q1. 販売または施工されている住宅の構造を教えて下さい（複数回答可）．※複数回答時は概略割合を記入してください．

　　□木造軸組構法　　　　　　＿＿＿＿＿％
　　□2×4 工法　　　　　　　　＿＿＿＿＿％
　　□プレハブ工法　　　　　　＿＿＿＿＿％
　　□その他の木造建築　　　　＿＿＿＿＿％
　　□木造建築以外　　　　　　＿＿＿＿＿％

Q2. ラスモルタル外壁は，普及率が著しく低下していますが，その主な理由についてご意見をお願い致します（複数回答可）．

　　□適切な設計・施工方法が判らない　　　□職人が足りない　　　□冬期に施工出来ない
　　□工期が長い　　□工事費が高い　　□住まい手からの評価が低い
　　□トラブルが発生しやすい　　□地震時の剥落が多い　　□劣化事例が多い
　　□設計・施工への信頼性が低い　　□その他

Q3. ラスモルタル外壁のイメージを教えてください（複数回答可）．

　メリット

　　□高級感がある　　□技術や匠を感じる　　□温かみがある　　□伝統や文化を感じる
　　□目地が無い　　□塗材により色とデザインに幅がある　　□タイルや石も張れる
　　□質感がある　　□耐久性がある　　□頑丈で堅牢　　□身近に施工技能者がいる

□施主の満足度が高い　　□施工の信頼性が高い　　□価格が安い　　□雨風に強い

□耐震性が高い　　□火に強い　　□アフターメンテナンス時に部分補修できる

□その他（　　　　　　）

デメリット

□ひび割れしやすい　　□価格が高い　　□工期が長い　　□雨天などで工程がずれる

□品質が安定しない　　□左官・ラス職人が足りない　　□デザインが古くさい

□設計仕様や施工方法が不明確　　□材料の善し悪しが不明確　　□雨漏りしやすい

□施工の信頼性が低い　　□不具合・クレームが多い　　□冬期に施工できない

□汚れやすい，藻が生えやすい　　□メンテナンス費用が高い　　□耐震性が低い

□その他（　　　　　　　　　）

Q4.　ラスモルタル外壁以外は，どのような外壁材を選ばれていますか（複数回答可）.

サイディング（□窯業系　□金属系　□樹脂系　□木質系）

□ ALC　□タイル　□レンガ　□その他の湿式外壁　□その他の乾式外壁

Q5.　上記の Q4 にてチェックされた理由を教えてください.

（　　　　　　　　　　　　　　　　　　　　　　　　　　　　　）

以下，販売または施工されているラスモルタル外壁について伺います.

Q6.　ラスモルタル外壁の構法（壁の断面構成）と，おおよその採用割合を教えてください（複数
回答可）.

□直張り下地構法　　　　　　　　　　　　％

□単層下地通気構法　　　　　　　　　　　％

□二層下地通気構法　　　　　　　　　　　％

□上記以外の特別な構法　　　　　　　　　％

◆参考（各構法の断面例）◆

Q7.　使用する材料はどなたが決定しているか教えてください.

ラス　　　　　　　　　　□設計者　　　□施工管理者　　　□施工技能者

ステープル　　　　　　　□設計者　　　□施工管理者　　　□施工技能者

防水紙・防水シート　　　□設計者　　　□施工管理者　　　□施工技能者

Q8.　直張り下地構法および二層下地通気構法で使用する防水紙の種類を教えてください.

□アスファルトフェルト 8 kg/ 巻

　　□アスファルトフェルト 17 kg/ 巻

　　□アスファルトフェルト 430

　　□改質アスファルトフェルト

　　□透湿防水シート

　　□その他（　　　　　　　　　　　　　　）

Q9. ラスモルタル外壁に使用する<u>ラスの種類</u>を教えてください（複数回答可）.

　※複数回答時は，概略の割合を記入してください

　※品番が不明な場合は，質量が 700 g/m^2 未満か 700 g/m^2 以上かを記入してください

　　□平ラス　　　　　　品名・品番（　　　・　　　　　）　＿＿＿＿＿％

　　□波形ラス　　　　　品名・品番（　　　・　　　　　）　＿＿＿＿＿％

　　□力骨付きラス　　　品名・品番（　　　・　　　　　）　＿＿＿＿＿％

　　□こぶ付きラス　　　品名・品番（　　　・　　　　　）　＿＿＿＿＿％

　　□紙付きリブラス　　品名・品番（　　　・　　　　　）　＿＿＿＿＿％

　　□上記以外のラス　　品名・品番（　　　・　　　　　）　＿＿＿＿＿％

Q10. ラスモルタル外壁に使用する<u>モルタルの種類</u>を教えてください（主なもの）.

　　□現場で調合する砂モルタル

　　□現場で調合する軽量骨材のモルタル

　　□袋詰めされている既調合の軽量モルタル

Q11. モルタルの<u>運搬方法</u>を教えてください（複数選択可）.

　　□バケツで手運び

　　□ウインチでバケツを吊り上げる

　　□ポンプで圧送して足場上の桶や缶に入れる

　　□ポンプで圧送して壁に直接吹き付ける

　　□その他（　　　　　　　　　　　　　　）

Q12. 練った<u>モルタルが締まってきた時</u>の対処方法を教えてください（主な方法）.

　　□そのまま使う

　　□水を加えてハンドミキサーなどで練り返す

　　□モルタルミキサーに戻して混ぜ合わせる

　　□使用せず廃棄する

　　□その他（　　　　　　　　　　　　　　）

Q13. <u>出隅の通り</u>を出すための工夫があれば教えてください（複数選択可）.

　　□樹脂製の Y 型コーナー定木を付ける　　□樹脂製のへの字コーナー定木を付ける

　　□走り / 刃 / へそ定木を張り付ける　　　□定木張りの前に水糸を張る

　　□水糸は張らないが（＿＿＿＿＿＿＿）の方法で出隅定木の通りを見る

　　□その他（　　　　　　　　　　　　　　）

　　□特にない

Q14. 入隅の通りを出すための工夫があれば教えてください（複数選択可）.

□入隅に水糸を張る　　□下地に墨を打つ　　□面木などを先付けする

□モルタルであらかじめ角を起こす　　□樹脂製の入隅定木を付ける

□その他（　　　　　　　　　　　　）

□特にない

Q15. 面を平滑に仕上げるための工夫があれば教えてください（複数選択可）.

□土台水切りなどに墨を打つ　　□サッシ枠に墨を打つ　　□水糸を縦と横に張り通す

□塗り厚さを確認するピンを打つ　　□塗り厚さ目印のモルタルを随所に先付けする

□塗りつけてすぐに定木摺りをする　　□塗りつけてすぐに波消しヘラで均す

□表面の水がひいたら定木摺りをする

□その他（　　　　　　　　　　　　）

□特にない

Q16. 土台水切りとモルタルとの取り合い方法を教えてください（主な方法）.

□土台水切りにモルタルを塗り当てる

□土台水切りとモルタルの間に隙間ができるように下端起こしなどを使う

□土台水切りは使用しない（モルタル尾垂れなどで納める）

□その他（　　　　　　　　　　　　）

Q17. ラス重ね張りやネット伏せ込みで補強されるかどうか教えてください（複数回答可）.

□特には補強していない

□開口部まわりを補強している

□外壁全面を補強している

□キャンティ部分のみ補強している

□出隅や入隅のみ補強している

□上記以外に（　　　　　　　　　　）の部分を補強している

Q18. ラスを留め付ける直接的な下地材として何が使用されているか教えてください（複数回答可）. ※複数回答時は，概略の割合を記入してください.

□製材（ラス下地板）　　　　　　_____％

□合板などの面材　　　　　　　　_____％

□通気胴縁　　　　　　　　　　　_____％

□その他　　　　　　　　　　　　_____％

Q19. 通気胴縁は誰が施工しているか教えてください（主な人）.

□大工

□ラス工事店

□左官

□外装工事店

□その他（　　　　　　　　　　　　）

Q20. ラスの留め付けに使用するステープルの種類を教えてください.

※品番が不明な場合は，線径 / 足の長さ / 材種を記入してください（記入例：J 線 /19 mm/ 鉄）

仮留め用　　品番（　　　　　　）

本締め用　　品番（　　　　　　）

Q21. ラスモルタル施工後にシーリングされる部位を教えてください（複数回答可）.

☐サッシまわり　　☐バルコニー床防水取り合い　　☐バルコニー笠木の壁あたり

☐軒天取り合い　　☐水切り板金との取り合い　　☐バルコニー笠木下と壁の隙間

☐換気フードまわり　　☐窓モール材や付け梁の上面　　☐庇の取り合い

☐その他（　　　　　　　　　　　）

☐特にない

Q22. フェルトやルーフィングなどアスファルト系の材料と変成シリコーンやウレタン系シーリングを接触させると変質することを知っていましたか.

☐知っていた

☐知らなかった

Q23. 工事完了後の雨水浸入事例についてご回答ください.

☐　　　　棟に 1 棟程度の割合で発生している

Q24. 上記の雨もりの中で，どの部位の原因が多いのでしょうか（複数回答可）.

☐窓まわり

☐軒天まわり

☐バルコニーや屋上の床防水

☐バルコニーや屋上の笠木付近

☐換気フードや物干しなどの付属品周辺

☐その他（　　　　　　　　　　　　　）

Q25. 普段の業務で参考にしているものがあれば教えてください（複数回答可）.

☐日本建築学会　建築工事標準仕様書　左官工事（JASS 15）

☐日本建築仕上学会　外壁剥落防止のための設計・施工指針・同解説

☐住宅金融支援機構監修（旧公庫）　木造住宅工事仕様書，枠組壁工法住宅工事仕様書

☐住宅瑕疵担保責任保険法人の設計施工基準，防水施工要領など

☐（一社）日本左官業組合連合会による書籍など

☐（一社）日本サッシ協会の要領書など

☐日本窯業外装材協会（NYG）の要領書など

☐ハウスメーカー，工務店等による協会・組合等の指針・手引きなど

☐ハウスメーカー独自の仕様書・マニュアルなど

☐材料メーカー等による協会・組合等のガイドブックなど

☐材料メーカー独自の仕様書・マニュアルなど

☐雑誌の特集など

□専門雑誌，専門書など

□材料メーカー，ハウスメーカー，設計事務所，施工者等のホームページ

□国土交通省　国土技術政策総合研究所　資料第779号　木造住宅モルタル外壁の設計・施工に関する技術資料

□国土交通省　国土技術政策総合研究所　資料第975号　共同研究成果報告書　木造住宅の耐久性向上に関わる建物外皮の構造・仕様とその評価に関する研究

□その他（　　　　　　　　　　　　　）

□他の職人の作業内容

□特にない

Q26. 事業規模を教えて下さい.

□1〜10棟／年　□11〜100棟／年　□101〜1000棟／年　□1000棟以上／年

2.2　2020年　モルタル外壁の施工業務に関する実態調査

　この調査は，インターネットによるアンケート方式で実施した．調査地域は全国とし，スクリーニング調査により条件該当者[2]を選定した．調査は2020年3月に実施し，対象666名より392名の有効回答を得た.

　　［注］（2）「設計事務所，ビルダー・工務店，ゼネコン，ハウスメーカー，官公庁建築部門，左官工事店，外装工事店，ラ
　　　　　ス工事店，防水工事店，リフォーム工事店，その他の建築に関わる仕事，そのいずれかに従事し」，かつ，「木造
　　　　　住宅の建築に携わっている者」，かつ，「モルタル外壁の納まりや材料を決めている，モルタル外壁の施工をして
　　　　　いる，モルタル外壁の施工管理をしている，いずれかを業務とする者」

　アンケートの設問はQ1からQ5まであり，設問の内容は以下のとおりである.

Q1. ラスモルタル外壁の構法（壁の断面構成）と，おおよその採用割合を教えてください（複数回答可）.

　　□直張り下地構法　　　　　　＿＿＿＿＿％

　　□単層下地通気構法　　　　　＿＿＿＿＿％

　　□二層下地通気構法　　　　　＿＿＿＿＿％

　　□上記以外の特別な構法　　　＿＿＿＿＿％

◆参考（各構法の断面例）◆

Q2. 二層下地通気構法のモルタルに接する裏面に用いる防水紙の種類を教えてください（通気層

の室内側ではありません）.

　　□アスファルトフェルト 8 kg/ 巻

　　□アスファルトフェルト 17 kg/ 巻

　　□アスファルトフェルト 430

　　□改質アスファルトフェルト

　　□透湿防水シート

　　□その他（　　　　　　　　　　　　）

Q3. モルタル外壁の工事全体に対して，外壁一般部に使用するラスの種類を教えてください.

　※複数回答時は，概略の割合を記入してください（全ての合計が 100 ％となるように）

　※品番が不明な場合は，質量が 700 g/m^2 未満か 700 g/m^2 以上かを記入してください

　直張り下地構法および二層下地通気構法

　　□平ラス　　　　　　品名・品番（　　　　・　　　　）　　　　　　％

　　□波形ラス　　　　　品名・品番（　　　　・　　　　）　　　　　　％

　　□力骨付きラス　　　品名・品番（　　　　・　　　　）　　　　　　％

　　□こぶ付きラス　　　品名・品番（　　　　・　　　　）　　　　　　％

　　□上記以外のラス　　品名・品番（　　　　・　　　　）　　　　　　％

　単層下地通気構法

　　□紙付きリブラス　　品名・品番（　　　　・　　　　）　　　　　　％

　　□上記以外のラス　　品名・品番（　　　　・　　　　）　　　　　　％

Q4. 外壁一般部に使用しているラスを留め付けるステープル（本締め）の種類を教えてください（複数選択可）.

　※品番が不明な場合は，線径/足の長さ/材種を記入してください（記入例：J 線 /19 mm/ 鉄）

　二層下地通気構法

　　□平ラス　　　　　　ステープルの品番（　　　　　）

　　□波形ラス　　　　　ステープルの品番（　　　　　）

　　□力骨付きラス　　　ステープルの品番（　　　　　）

　　□こぶ付きラス　　　ステープルの品番（　　　　　）

　　□上記以外のラス　　ラスの種類（　　　）ステープルの品番（　　　）

　単層下地通気構法

　　□紙付きリブラス　　ステープルの品番（　　　　　）

　　□上記以外のラス　　ラスの種類（　　　）ステープルの品番（　　　）

Q5. モルタル外壁に使用されているモルタルの種類の割合を教えて下さい（合計が 100 ％となるように）.

　　□現場で調合する砂モルタル　　　　　　　　　　％

　　□袋詰めされている既調合の軽量モルタル　　　　％

　　□現場で調合する軽量骨材のモルタル　　　　　　％

2.3　2009年　ラス下地モルタル塗り工法の設計・施工実態調査

国総研主催の産学官による共同研究「モルタル外壁の長期性能と評価に関する研究」（2008〜2011年度，委員長　東海大学名誉教授　石川廣三）の一環として，全国の(一社)日本左官業組合連合会会員の協力によりアンケート調査を実施した．2009年8月に545通を郵送し，246通の回答を得た．調査結果は，国総研資料第779号「木造住宅モルタル外壁の設計・施工に関する技術資料8.参考資料　8.3モルタル外壁　設計・施工実態調査」（平成26年3月）に掲載されている．

3．主な調査結果

以下に，いくつかの設問について結果の概要を説明する．

3.1　ラスモルタル外壁の普及率の低下について（2019調査Q2）

ラスモルタル外壁の普及率が著しく低下している主な理由についての複数回答による結果を付図1に示す．

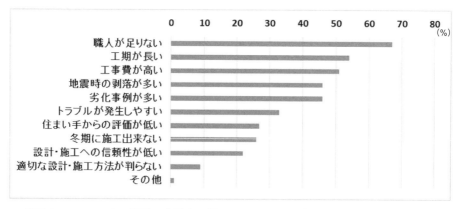

付図1　ラスモルタル外壁の普及率が低下している理由（複数回答）（2019調査Q2）

回答の多かった上位3項目は施工に起因するものであり，回答者の半数以上の方がこのように認識している．4位の「地震時の剥落が多い」は，建物の老朽化によるだけでなく，材料選択や施工に起因する可能性もある．

3.2　ラスモルタル外壁のイメージ（2019調査Q3）

ラスモルタル外壁のイメージについて，メリットおよびデメリットに関する複数回答による結果を付図2および付図3に示す．

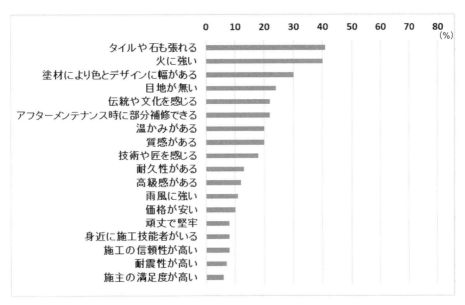

付図 2　ラスモルタル外壁のイメージ・メリット（複数回答）（2019 調査 Q3）

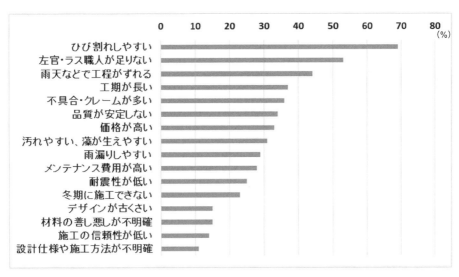

付図 3　ラスモルタル外壁のイメージ・デメリット（複数回答）（2019 調査 Q3）

　メリットは，「タイルや石も張れる」「火に強い」が首位にあり，それぞれ 41 ％と 40 ％の方がそのような印象を持っている．

　デメリットは，「ひび割れしやすい」が突出した首位にあり，69 ％の方がそのような印象を持っている．

3.3　ラスモルタル外壁の構法および採用割合（2020 調査 Q1，2009 調査 Q7）

　2020 年調査において，ラスモルタル外壁の構法とおおよその採用割合を尋ねた複数回答の結果を付図 4 に示す．直張り下地構法（木質系下地直張り構法），単層下地通気構法（メタルラス下地

通気胴縁構法），二層下地通気構法（木質系下地通気胴縁構法），それ以外の構法に区分すると，単層下地と二層下地を合わせると通気構法が 50 ％以上採用されていることがわかる．

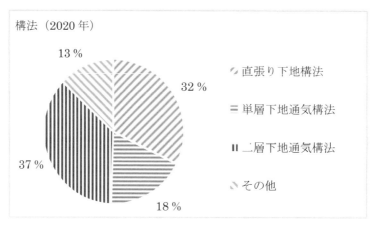

付図 4　ラスモルタル外壁の構法採用割合（2020 調査 Q1）

　2009 年実態調査における同様の設問（Q7　在来軸組構法の外壁にモルタルを塗る場合，どのような下地及びラスにより施工していますか？全工事に対する各工事件数の割合をお答え下さい．）に対する結果〔付図 5 参照〕と比較した場合，約 10 年間で，直張り下地構法の採用が 72 ％から32 ％に減少し，通気構法が増えていることがわかる．

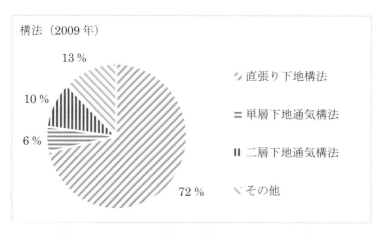

付図 5　ラスモルタル外壁の下地及びラス（2009 調査 Q7）

3.4　使用する防水紙の種類（2019 調査 Q8，2020 調査 Q2）

　2019 年調査において直張り下地構法および二層下地通気構法で使用する防水紙の種類について尋ねた結果を付図 6 に示す．また，2020 年調査において，二層下地通気構法のモルタルに接する裏面に用いる防水紙の種類について尋ねた結果を付図 7 に示す．

　2019 年の調査では設問の内容が曖昧であったため，選択された防水紙は，通気胴縁の下に使用するものか二層下地のモルタル裏面に使用するものか区別がつかなかった．だが，直張り下地構法

を100％採用していると回答された方の中に透湿防水シートを選択している方が7名いた.

さらに詳しく知るため2020年の調査では，二層下地通気構法のモルタル裏面に使用する防水紙に限定して尋ねた．その結果，付図7に示すように，半数近い49.1％の方は透湿防水シートを使用していると回答しており，本来は梱包用であるアスファルトフェルト8 kg/巻と17 kg/巻を使用していると回答した方が合計で28.4％を占めていた．建築材料として適切なアスファルトフェルト430および改質アスファルトフェルトの合計は20.3％と最も少なかった.

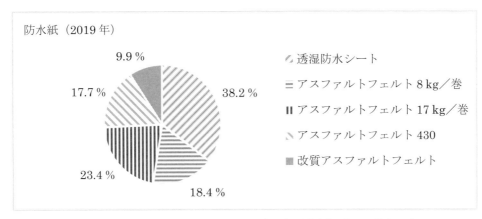

付図6 直張り下地および二層下地に使用する防水紙（2019調査 Q8）

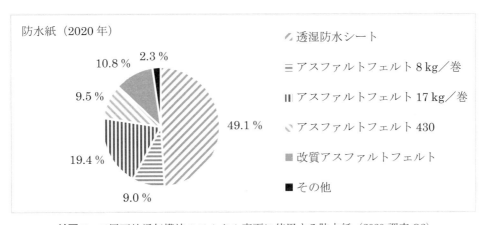

付図7 二層下地通気構法のモルタル裏面に使用する防水紙（2020調査 Q2）

3.5 ラス留付け用ステープルの種類（2020調査 Q4）

外壁一般部にラスを留め付ける際に使用するステープル（本締め）の種類について尋ねた複数回答を可能とする設問において，使用するラスの種類を集計したところ付図8の結果が得られた.

二層下地通気構法において，推奨されていない平ラスを使用していると回答した方が47％と半数近くを占めていた.

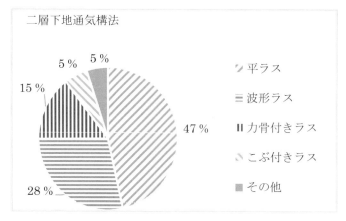

付図 8　二層下地通気構法に使用するラスの種類（2020 調査 Q4）

3.6　ラスの留め付けに使用するステープルの種類（2019 調査 Q20，2020 調査 Q4）

　2019 年の調査においてラスの留付けに使用するステープル（本締用）の種類を尋ねた結果を付図 9 および付図 10 に示す．

　無記入回答はなかったが，品番等についてすべて不明と回答した方が 46 ％と半数近くを占めていた．また種類について何らか回答した方の 50 ％は，使用しているステープルの足の長さについて不明と回答した．

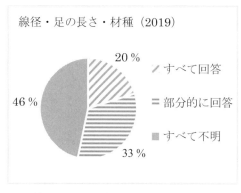

付図 9　ラス本締用ステープルの種類
（2019 調査 Q20）

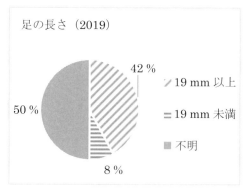

付図 10　ラス本締用ステープルの足の長さ
（2019 調査 Q20）

　2020 年の調査において，二層下地通気構法一般部のラスを留め付けるステープル（本締め）の種類を尋ねた結果を付図 11 に示す．

　60～86 ％は無記入回答になっているが，2020 調査 Q1 の二層下地通気構法の採用割合が 37 ％であったことに照らしてみると妥当な値である．ただ，何らかの回答を記入した方の 11～26 ％もがステープルの品番や種類について不明としている点は注視すべきである．

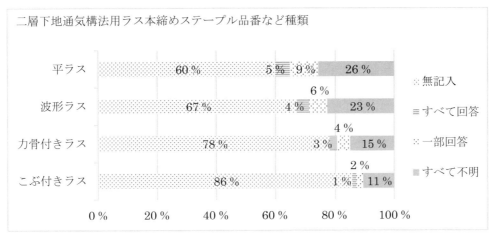

付図 11　二層下地通気構法用各種ラス本締めステープルの品番等（2020 調査 Q4）

4．職種による調査結果の考察

　2019 年の調査において，回答者の職種はスクリーニングで 3 区分のいずれかに該当するよう設定してあり，それぞれの割合は，施工管理職が 21 %，設計職が 36 %，施工技能職が 43 % であった．
　以下，いくつかの設問について，職種別に回答結果を考察する．

4.1　ラスモルタル外壁構法の採用割合（2019 調査 Q6）

　職種別にラスモルタル外壁構法の採用割合を整理した複数回答の結果が付図 12 である．直張り下地構法の採用割合が多いのは施工技能職となっているが，施工技能職の経験年数は他の職種よりも長い可能性があり，古くは直張り下地構法が主流にあったことが，この構成比に影響していることも考えられる．

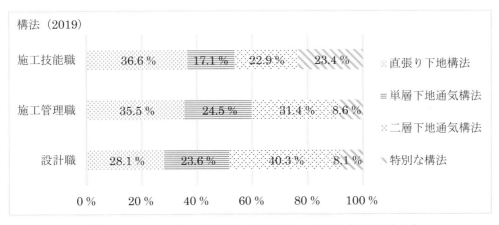

付図 12　ラスモルタル外壁構法の採用割合・職種別（2019 調査 Q6）

4.2　ラスモルタル外壁に使用するラスの種類（2019 調査 Q9）

　ラスモルタル外壁に使用するラスの種類について，職種別に回答割合を集計した複数回答の結果が付図13である．総じて平ラスと回答した割合が多い．一般部に波形ラスやこぶ付きラスを使用し隅角部に平ラスを使用する場合を含むとしても，施工管理職の比率を見ると，平ラスの単独使用も相当数含まれている可能性がある．ただし，4.1 と同様に，古くから使用されてきた平ラスの使用経験が，回答に多少の影響を与えていることも考えられる．

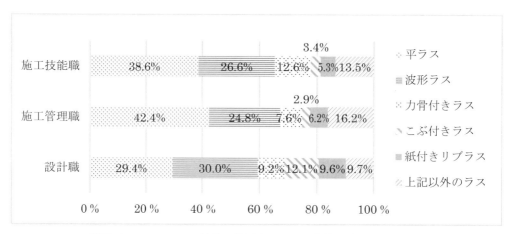

付図 13　ラスモルタル外壁に使用するラス・職種別（2019 調査 Q9）

4.3　ラスの留付けに使用するステープルの種類（2019 調査 Q20）

　ラスの留付けに使用するステープル（本締用）の種類について，職種別に回答割合を集計したものが付図 14 である．いずれの職種も 1/3 を超える相当の割合で品番等は不明と回答している．19 mm 以上の使用を回答した割合が 4 割前後であることを考量しても，ラスモルタル外壁においてステープルは非常に重要な材料であると認識されていない可能性がある．

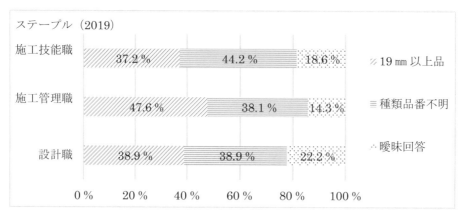

付図 14　ラスの留付けに使用する本締め用ステープル・職種別（2019 調査 Q20）

4.4　普段の業務で参考にしている技術資料等について（2019 調査 Q25）

　普段の業務で参考にしている技術資料・マニュアル等について尋ねた複数回答の結果を職種別に
集計し付図 15 に示す．もっとも参考にされているものは本会「建築工事標準仕様書・同解説 JASS
15　左官工事」（以下，JASS 15 という）であるが，それでも全体の半数に満たない．万人が参考
にするものがないのは，知りたい情報が掲載された技術資料等が存在していない可能性もある．

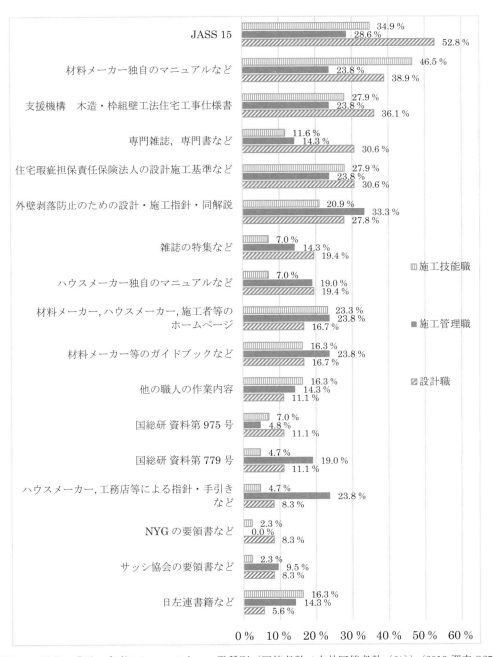

付図 15　普段の業務で参考にしているもの・職種別（回答者数 / 有効回答者数（％））（2019 調査 Q25）

5．調査結果の解説

　調査結果はモルタル外壁の実態を反映したものと思われ，各種技術資料やマニュアルに示される仕様の認知度は，非常に低いことが伺い知れた．また，ラスモルタル外壁の設計・施工において参考にする資料が十分に存在する状況にはなく，有識者による情報整備と発信は，良質な住宅供給のためには急務と考えられる．

5.1　ラスモルタル外壁の普及率低下

　2019年版の JASS 15 に準拠したラスモルタル外壁が普及していたならば，普及率は現在と異なっていた可能性がある．

　なぜならば，本実態アンケート調査の結果より，実態の使用材料は現在の JASS 15 に示されるものと著しく異なることが明らかで，つまり耐久性等も劣っている可能性がある．耐久性等が劣っていれば，3.2（2019調査 Q3）で述べたラスモルタル外壁のイメージに少なからず影響を与えると推察する．

　実態の使用材料が推奨と著しく異なった原因として，どのような性能がどの材料に必要とされるかを造り手や住まい手へ伝える情報提供が足りていないためと推察する．

　例えば，震災の度にモルタル外壁の脱落した映像が報じられ，モルタル外壁は地震時に剥がれやすい印象を持たれている方も多く存在するようであるが，JASS 15 の仕様に準拠して構築されたモルタル外壁は，地震等の外力に対して構造体の変形を著しく抑制することが複数の実験により判明している．

　また，（公財）住宅リフォーム・紛争処理支援センターの「住宅相談統計年報2019」を参照すると，戸建住宅の不具合相談 8,725 件における事象の割合は，外壁や基礎の「ひび割れ」が 21 ％と最も多く，次に「雨漏り」が 14.5 ％となっている．

　言い換えると，住まい手にとって「ひび割れ」および「雨漏り」は非常に関心が高いということである．

　モルタル外壁のひび割れは，雨水浸入に直結し，構造体を腐らせ，耐震性を低下させるとの印象があるのではないかと推察される．

　窯業系サイディングでは標準化されている通気構法と同様であれば，ひび割れても雨水浸入を防ぎ，もしも通気層へ達した浸入雨水があっても通気層を流下して屋外へ排出され，構造体の劣化を抑制することが可能である．

　つまり通気構法であれば小さなひび割れで耐久性も強度も低下しないことが，造り手や住まい手には十分に伝わっていない可能性も高い．

5.2　ラスモルタル外壁の構法

　3.3（2020調査 Q1）の結果では，ラスモルタル外壁の構法は，通気構法が過半の 55 ％を占めた．2009調査 Q7 の結果では通気構法が 16 ％であったことから，モルタル外壁においても窯業系サイディングと同様に，通気構法が普及しはじめたことが分かる．

だが，依然として直張り下地構法が 32 ％を占めている．直張り下地構法は，壁体内への雨水浸入や結露を生じやすく，特に気密性と断熱性を高めた現代の住宅では，劣化リスクが高く耐震性にも影響を及ぼす可能性がある．

5.3　ラスモルタル外壁の防水紙

3.4（2020 調査 Q2）の結果によると，二層下地通気構法のモルタルに接する裏面に用いる防水紙の種類は，アスファルトフェルト 430 および改質アスファルトフェルトの合計は 20.3 ％だった．つまり約 8 割はそれ以外の防水紙を使用していることになる．8 kg/ 巻や 17 kg/ 巻などの梱包用防水紙は，建築用と異なり品質基準・規格類が定められていない．しかも寸法安定性，釘孔止水性，耐久性などの諸性能がアスファルトフェルト 430 等よりも低く，下地材や構造体を早期に劣化させるおそれがあるので，8 kg/ 巻や 17 kg/ 巻は使用しないことになっている．

また，49 ％は透湿防水シートを使用しているが，もしもモルタルの裏面に透湿防水シートを使用した場合，湿度変化や日射による水蒸気の移動とセメントのアルカリ雰囲気により透湿防水シートの劣化が促進される可能性がある．したがってモルタル外壁の裏面には，アスファルトフェルト 430 以上の品質のものを使用することになっている．

3.4（2019 調査 Q8）では，100 ％直張り構法を採用しているにもかかわらず透湿防水シートを使用していると回答された方が 15 名中 7 名いたことを危惧する．

5.4　ラスモルタル外壁のラス

4.2（2019 調査 Q9）において，ラスモルタル外壁に使用するラスの種類で最大 42.4 ％を占めた平ラスは，ラスの裏面側がモルタルに被覆されないため腐食しやすく，またモルタルが分離して脱落しやすいため，角補強など部分的な用途以外には使用しないことになっている．

5.5　ラスモルタル外壁のステープル

3.6（2019 調査 Q20）におけるラスの留付けに使用するステープルの種類に関する設問，および 3.6（2020 調査 Q4）における外壁一般部のラスを留め付けるステープルの種類に関する設問の結果によると，ステープルの種類についてほとんど意識されていないことが明白である．

JASS 15 においては，波形ラスを留め付けるステープルは，線径が J 線，長さが 19 mm 以上と定めているが，2019 年の結果では，19 mm 以上品を記載している割合はわずか 8 ％である．

ステープルは，ラスモルタルを支持する重要な役割を担っていて，地震時の剥落防止には必要不可欠な材料である．ステープルの足の長さは，建物が大きく変形した際，ステープルが下地から抜けるか抜けないかを左右する重要な要素であり，ステープルの線径は，繰り返す変形力や，水分による腐食で破断するかしないかを左右する重要な要素となる．

5.6　使用材料による強度変形性能への影響

JASS 15 に準拠した仕様について，国総研主催の産学官による共同研究「ラス下地モルタル塗り

工法外壁の各種構成材料及び施工法による剥離・剥落性への影響に関する共同研究」（2004～2006
年度）では，さまざまな強度試験を実施することで，剥離・剥落性について確認している．例えば，
水平加力繰返しせん断試験の結果〔付図16参照〕によると，軽量な平ラス30Fと小型のステープ
ル1210Fを併用したモルタル外壁の場合，JASS 15仕様（波形ラスW 700，L 1019 J）と比較して，
強度性能が著しく低下することが明らかとなっている．したがって，このような外壁は，JASS 15
仕様と比較して地震時に脱落しやすい．

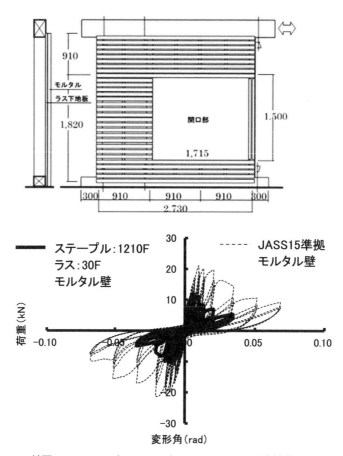

付図16　ステープル1019 Jと1210 Fによる強度性能の差

　合板耐力壁下地を対象として，直張り下地構法のモルタル壁を採用した場合と，リブラスによる
通気構法を採用した場合を比較すると，強度および変形性能は，ほぼ同等であることが確認されて
いる〔付図17参照〕．

　また，合板耐力壁の強度性能と，その外側に通気構法のモルタル外壁を構築した場合を比較する
と，モルタル外壁を施すことにより，強度性能が著しく向上し，最大耐力が約1.7倍に増大してい
る〔付図18参照〕．

　これらの実験等により，JASS 15と同様の設計・施工であれば，モルタル外壁は地震時に構造体
の変形を抑制し，構造体が大変形（1/15rad）に至った場合でもラスモルタルが脱落せず，構造体
の変形を抑制することが確認されている．

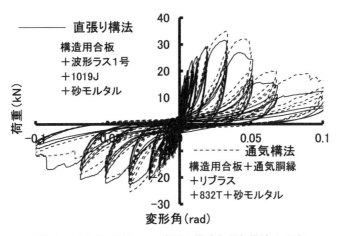

付図 17　合板下地による直張り構法と通気構法の強度

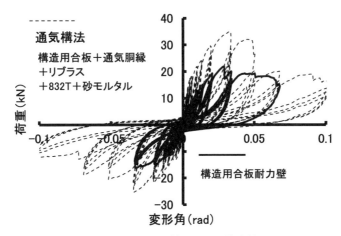

付図 18　モルタル外壁による複合効果

　モルタル外壁は，外装材としての役割だけではなく，構造体の変形を抑制する効果が高いことが数多くの実験等により知られている．

　例えば，ポリマーセメントモルタル等を使用してひび割れ抑制を試みた実験では，水平せん断繰返し加力の結果，開口部隅角部のひび割れ幅は 1 mm 以下と顕著なひび割れ抑制効果が確認され，さらには，最大耐力がポリマーセメントモルタル等を使用する前の 2.25 倍となることを確認している．

　つまりモルタル外壁は，その構法や材料次第では今よりも住宅の耐震安全性を大きく向上させ，住宅の価値を高める可能性を有している．

（出典：ラス下地モルタル塗り工法外壁の各種構成材料及び施工法による剥離・剥落性への影響に関する共同研究）

参 考 文 献

1 ）日本建築学会：建築工事標準仕様書・同解説　JASS 15　左官工事，2019
2 ）日本建築学会：木造住宅外皮の防水設計・施工指針および防水設計・施工要領（案），2021

3）石川廣三ほか：木造住宅モルタル外壁の設計・施工に関する技術資料，国土技術政策総合研究所資料　共同研究成果報告書，No. 779，2014.3

4）国土交通省　国土技術政策総合研究所ほか：木造住宅の耐久性向上に関わる建物外皮の構造・仕様とその評価に関する研究　第Ⅷ章　ラスモルタル外壁の構造耐力に及ぼす接合部の耐久性評価方法（案），国土技術政策総合研究所資料　共同研究成果報告書，No. 975，2017.6

5）住宅金融支援機構　編著：木造住宅工事仕様書　解説付　2021年版，2021

6）日本建築仕上材工業会：軽量セメントモルタル部会　データベース

7）日本防水材料協会　アスファルト防水部会：技術資料

8）日本自動釘打機ステープル工業会：各種のラスに対応したステープルの種類と機器の例

木造住宅ラスモルタル外壁の耐久設計・施工指針（案）・同解説

2023 年 2 月 10 日　第 1 版第 1 刷

編　集 著作人	一般社団法人　日 本 建 築 学 会
印 刷 所	昭 和 情 報 プ ロ セ ス 株 式 会 社
発 行 所	一般社団法人　日 本 建 築 学 会

108-8414 東 京 都 港 区 芝 5 − 26 − 20
電　話・（03）3456 − 2051
Ｆ Ａ Ｘ・（03）3456 − 2058
http://www.aij.or.jp/

発 売 所　丸 善 出 版 株 式 会 社
101-0051 東京都千代田区神田神保町 2 − 17
神田神保町ビル
電　話・（03）3512 − 3256

ISBN978-4-8189-1099-7 C3052